Velten forscht und fragt

Lilian Pfaff

Velten forscht und fragt /
Velten questions and queries

Till Velten stellt Fragen. Es sind Fragen nach der Geschichte eines Ortes und den persönlichen Geschichten von Menschen, denen er begegnet. In Form von Interviews werden diese Gespräche in Videodokumentationen, Installationen und vor allem Publikationen umgesetzt. Velten setzt Gespräche an die Stelle von Bildern und schafft gerade durch sie neue, nicht fixierbare Porträts von Menschen. Er wird damit zum Regisseur einer nicht endenden Dokumentaraufnahme. Das Gespräch als Skizze der Welt überlässt den Beteiligten den aktiven Part, so versteht sich Velten nur als «Bildhauer der Gespräche». Er leiht ihnen gleichsam seine Fragen, damit sie sich mit sich selbst befassen können. Dabei bleibt er nicht unbeteiligt, es geht durchaus auch um das Erkennen des Selbst im Gegenüber und um die Übersetzung der inneren Lebenswelten in die Kunst.

In der fünfzehnminütigen Videoinstallation über Hans Schmitt, dessen komplexe Lebenswelt Velten seit 2007 versucht festzuhalten, geht es anfangs um dessen ehemalige Tätigkeit als Bordellbesitzer in Stuttgart sowie um sein darauf folgendes Leben mit seinem Hund Harro. Im Laufe der Videoaufzeichnungen verlagert sich das

Till Velten asks questions, questions about the history of a place and the personal history of the people he meets. In the form of interviews, these discussions are turned into video documentaries, installations and, primarily, publications. Velten uses discussions in place of images and it is precisely in this way that he creates new, undefinable portraits of people. He thus becomes a director of a never-ending documentary recording. The discussion as a sketch of the world allows those taking part to play the active role, thus Velten sees himself merely as a "sculptor of the discussion". At the same time he puts his questions to these participants so that they can take a inquisitive look at themselves. In doing so, he is not entirely uninvolved; rather it is also about the recognition of the self in the counterpart and about the translation of one's internal life-worlds into art.

In the 15-minute video installation about Hans Schmitt, whose complex life-world Velten has been attempting to determine since 2007, he initially addresses Schmitt's former role as a brothel owner in Stuttgart, as well

Interesse des Künstlers von den Unterhaltungen im Fitnessstudio und in Schmitts Wohnung zunehmend auf dessen seltsame Notizen und Dokumentationen. Dieser vermerkt und verzeichnet seit Jahren Nacht für Nacht alle Versprecher und Fehler der Fernsehgrössen auf jeweils DIN-A4-grossen Seiten unzähliger collegeartiger Hefte, die historische Dokumente und Analysen von einer fehlerhaften öffentlichen Vermittlung der Wirklichkeit sind – in diesem Falle der Nachrichten. Es ist ein naiver Unmut über die Schlampigkeit des Sprechens unseres durchorganisierten Lebens und kontrastiert mit dem Körperkult des Bodybuildings, mit dem sich Herr Schmitt grosse Teile seines Lebens beschäftigte. In ihrer Akribie und grafischen Gestaltung sind die Aufzeichnungen den systematischen Schreibwerken einer Hanne Darboven vergleichbar. Indem diese subjektive logische Systeme erfand, versuchte sie durch Zahlenfolgen in Kombination mit Fotografien oder Dokumenten die erlebte Geschichte als Vergehen der Zeit zu messen oder festzuhalten. Die so genannte Schreibzeit scheint auch das Interesse von Herrn Schmitt zu umreissen. Auch wenn dieser kein konzeptueller Künstler

as his subsequent life with his dog Harro. During the course of the video recordings, the focus of the artist's interest shifts from the conversations in the fitness studio and in Schmitt's apartment increasingly towards his unusual notes and documentation. For many years, on a nightly basis Schmitt has noted down all the slips of the tongue and errors TV presenters make – on A4-sized pages in countless student-style exercise books. They represent the historical documentation and analyses of an erroneous public communication of reality – in this case the news. It represents a naïve discontent about the slovenliness of the speech of our elaborate lives and contrasts with the physical cult of bodybuilding, with which Schmitt has been involved for a large part of his life. In their meticulousness and graphic design, the records are comparable with the systematic print mechanisms of one Hanne Darboven. By devising subjective, logical systems, the latter attempted to measure or pinpoint history experienced as the passing of time by using sequences of numbers

ist, so ähnelt seine tagtägliche Dokumentation einer Vergewisserung der eigenen Existenz in Relation zur Gesellschaft, vermittelt durch das Medium des Fernsehens.

In der neuesten Arbeit mit Uri Geller geht Velten den unerklärlichen Kräften des berühmten Löffelverbiegers nach. Dessen Vision der Infantin Isabella, die ihm in London über einer Brücke erschienen ist, versucht Velten dabei einzufangen oder zu visualisieren. Die Videoarbeit ist als zwei voneinander getrennte Videoprojektionen, die sich gegenüberstehen, konzipiert. Auf der einen Seite ist Uri Geller in London zu sehen, der mittels Vorstellungskraft sich dieser Erscheinung erinnert und sie sendet, auf der anderen Seite die Autorin Birgit Kempker in Basel, die die Vision empfängt und das gesehene Bild in Sprache übersetzt. Diese Übertragungsleistung – wie in diesem Projekt von Velten dargestellt – umschreibt das gesamte Schaffen des Künstlers. Während bei dieser Arbeit eine Porzellanfigur von Isabella, haptisch wie ein «klassisches Kunstobjekt» oder Fetisch, zwischen den Videoprojektionen steht – ist die gesamte Szenerie ebenso wie das Auffinden der verschiedenen Personen, die an der Übertragungsleistung mitwirken, Teil der

in combination with photographs or documents. The so-called "written time" also appears to characterize Schmitt's interests. Even if he is not actually a conceptual artist, his daily documentation is similar to an attempt to assert his own life in relation to society, conveyed through the medium of television.

In his latest work with Uri Geller, Velten examines the inexplicable powers of the famous spoon-bender. The latter's vision of the Infanta Isabella, which appeared to him above a bridge in London, inspired Velten to try to capture or visualize it. The video work is designed as two video projections facing, but separated from one another. On one side we can see Uri Geller in London who, with the help of his imagination, brings this apparition to mind and transmits it, while on the other side we see author Birgit Kempker in Basel, who receives the vision and translates the image she sees into language. This power of transmission – as presented by Velten in this project – outlines the artist's entire creativity. While for this work a porcelain figure

Künstlerischeren Praxis. Velten geht dabei oftmals von Phänomenen, Begabungen oder Vorlieben seiner Gesprächspartner aus, denen er sich in unzähligen Interviews annähert. Teilweise sind diese nur in Form kleiner gedruckter Hefte erhalten, teilweise führen sie aber auch zu einer Zusammenarbeit wie mit Veltens ehemaligem Ateliernachbarn, Herrn Hauser, einem renommierten Kunstglaser, der Kirchenfenster herstellte. Veltens einfache Frage, was schöne Farbfenster ausmache, mündet medial umgesetzt in ein Videogespräch, in dem eine Schauspielerin in der Rolle einer Kunsthistorikerin ihre Fragen stellt, während die Antworten von Herrn Hauser in Form von sieben neu gestalteten Fenstern, die der Künstler gemeinsam mit dem Kunstglaser produziert hat, präsent sind. Dies war erst möglich, als Herr Hauser dank altersbedingter demenzieller Gelassenheit die für Glashandwerker übliche Berufsregel, nur nach Skizzen von Künstlern zu arbeiten, aufgeben und sich auf das freie Spiel mit farbigem Licht einlassen konnte.

Eine weitere Arbeit mit der Bewegungs- und Wärmetherapeutin Josephine findet im dampfenden Wärmeaussenbad statt und

of Isabella stands between the video projections, as haptic as a "classic sculpture" or fetish, the entire setting, just like the detection of the different individuals who play a role in the transmission exercise, is part of the artistic practice. In this regard, Velten often starts with the phenomena, talents or preferences among the discussion partners he comes into contact with in countless interviews. Sometimes these are preserved merely in the form of small printed booklets, while at other times they also lead to a collaboration, as with Velten's former studio neighbor, a Mr Hauser, who was a renowned glass artist producing stained-glass windows. Velten's simple question of what makes up a beautiful stained-glass window leads by means of media implementation into a video discussion in which an actress playing the role of an art historian asks her questions, while Hauser's answers are represented in the form of seven newly designed windows that Velten produced together with the glass artist. This was only possible once Hauser's age-related dementia

ist aufschlussreich für Veltens Künstlerische Präsentationsform. Velten interessiert sich hier weniger für die Heilung von Rheuma als für die Beschäftigung der Therapeutin mit Filzbildern, in denen sie eigene «heilende» Kräfte veranschaulicht. Die Videoarbeit, in der die Therapeutin mit ihrer Freundin gemeinsam schwimmend zu sehen ist und in die immer wieder die Filzbilder eingeblendet werden, wird auf einer eigens gebauten, verKleinerten Bühne gezeigt, an deren beiden Seiten zwei plastizierte KeramiKfiguren von Josephine stehen und die ProjeKtionsfläche für das Video gleich selbst tragen. Mit diesem Miniaturszenario zeigt uns Velten buchstäblich die «andere Welt».

Interessant ist, wovon Velten ausgeht. Gerät er unwillentlich in diese Systeme und versucht sie aufzuschlüsseln? Oder woher Kommt der fast ebenso «therapeutische» Ansatz gegenüber den Menschen und der Welt? Velten geht von seinen eigenen Bildern aus. Ausgebildet ursprünglich als Fotograf bei Floris Neusüss an der Kunsthochschule Kassel, bevor er dann nach Düsseldorf zu Fritz Schwegler wechselt, sammelt er unzählige Bilder, die als SKizzen für seine

caused him to relax the rules common to glass craftsmen whereby they will only worK from sKetches by artists, so that he was able to begin playing freely with colored light.

Another worK with movement and heat therapist Josephine taKes place in a steaming outdoor hot tub and is revealing of Velten's artistic form of presentation. Here Velten is less interested in the healing of rheumatism and more in the therapist's preoccupation with felt images in which she shines a light on her own "healing" powers. The video worK in which the therapist can be seen swimming together with a female friend and into which the felt images are blended time and again is shown on a specially built, miniaturized stage on the sides of which there are two sculptured ceramic figures of Josephine, which at the same time serve as the projection surface for the video. With this miniature scene, Velten literally shows us the "other world".

What's really interesting is Velten's starting point. Does he unintentionally fall into these systems and attempt to breaK them down? Or where does the almost similarly "therapeutic" approach towards people and the world come from? Velten begins with

Arbeiten dienen. Dieses Vorgehen erscheint erst einmal paradox, denn bisher wissen wir vom Künstler, dass er sich seinem Gegenüber ausschliesslich in Gesprächen nähert. Geht man lange genug in Veltens Künstlerischer Arbeit zurück, so findet sich ein Projekt, das als Foto-Skizzenbuch den Jahresablauf, die Stimmung und andere Wahrnehmungen und Empfindungen des Künstlers vermitteln, die er bei seinen Spaziergängen festgehalten hat. Auf diese einfachen Fotoabzüge schreibt er mit farbigen Lack- und Filzstiften abstrakte Begriffe und untersucht damit die Beziehung der Wörter und Begriffe zur abfotografierten Wirklichkeit. Diese Fotoskizzen bilden sozusagen das Archiv, den Fundus des Künstlers, aus dem er seine Arbeiten schöpft. Diese «inneren» erlebten Bilder versucht er wiederzufinden oder mit seinen Projekten zu rekonstruieren. Dazu häuft er Bilder mit Begriffen an und versucht, ihnen einen Erfahrungsreichtum zuzuschreiben, jenseits des visuell Dargestellten. Anstatt nun abstrakte Begriffe auf die Fotos zu schreiben, weshalb diese frühe Arbeit auch nur als Skizze, nicht aber als eigentliches Werk zu verstehen ist, versucht er die Ikonografie im persön-

his own images. Having originally trained as a photographer under Floris Neusüss at the Kunsthochschule Kassel before switching to study with Fritz Schwegler in Düsseldorf, he collected countless images that serve as sketches for his works. This approach at first seems paradoxical, as we already know that the artist gets close to his counterparts exclusively through discussion. If you go back far enough into Velten's artistic work, then you find a project that conveys, in the form of a photo-sketch book, the sequence of the year, the mood and the other perceptions and feelings of the artist as recorded on his walks. On these simple photo prints he writes abstract terms in colored paint and felt-tip pens, and thus examines the relationship of the words and concepts with the photographed reality.
These photo-sketches form what one could call an archive, the artist's store of ideas, from which he creates his work. He attempts to rediscover these "internally" experienced images or to reconstruct them with his projects. In addition, he accumulates these images with concepts and attempts

lichen Erleben der Menschen zu finden. Velten arbeitet dabei als Regisseur, er setzt die Bedingungen und Voraussetzungen, wie beispielsweise im vierjährigen ProjeKt mit dem Theater Freiburg, indem er mit fünfzehn älteren Schauspielern des Theaterensembles und deren Angst vor Demenz, der Angst, Texte bei einer Aufführung nicht präsent zu haben, auf Reisen geht. So besuchten sie beispielsweise den an Demenz leidenden Walter Jens, seine Frau und die Pflegerin Margit Hespeler. In einer Demenz-Wohngemeinschaft lud das Theater später an sieben Terminen alle drei Wochen zu den öffentlich stattfindenden Kaffeetafeln beKannte PersönlichKeiten ein, die ein GastgeschenK mitbringen mussten und anschliessend von Velten zu ihrer Wahrnehmung dieser fremden Welt befragt wurden. Dabei interessierte Velten, was diese Begegnung mit ihnen gemacht, was der Besuch bewirKt und ausgelöst hat. Später wurden diese ProtoKolle von den Schauspielern im Theater aufgeführt.

Velten, dessen Interviews über Demenz der Herder Verlag nicht als Kunstbuch, sondern als Sachbuch herausgab, was Konzeptionell von Velten beabsichtigt war,

to assign a wealth of experience to them beyond that which is visually represented. Instead of now writing abstract terms on the photos, which mean this early worK is understood to be merely a sKetch and not a worK in itself, he attempts to find the iconography in people's personal experiences. Here Velten worKs as a director, setting the conditions and prerequisites, as for example in the four-year project with Freiburg Theatre, in which he undertaKes a journey with 15 older actors from the theatre company and their fear of dementia, the fear of not remembering their lines in a performance. Thus they visit, for example, Walter Jens, who suffers from dementia, along with his wife and carer Margit Hespeler. Later, in a residential community for dementia sufferers, the theatre invited well-Known personalities to the public "coffee table" over seven appointments at three-weeK intervals, who had to bring a gift with them and subsequently be interviewed by Velten about their perception of this alien world. What interested Velten was the effect this encounter had on them, what

macht jedoch nicht nur Kunst im sozialen Bereich. Immer wieder nimmt er in seiner Laufbahn das Kunstsystem selbst unter die Lupe, wie in seiner Installation *Urgarage – eine SKulptur füs VolK* in der Zürcher Galerie Nicola von Senger. Beim Besuch der Galerie findet der Künstler in der näheren Umgebung ReliKte einer TanKstelle, wie sich herausstellt der ersten TanKstelle von Emil Frey, dem grössten Importeur japanischer Autos in der Schweiz und Verwandten des Galeristen. In Gesprächen mit dem Sohn Walter Frey, einem Sammler von Oldtimern, der seine Autos wie SKulpturen behandelt und ihnen ein eigenes Museum widmet, entsteht die Idee einer mobilen SKulptur, einer Chrom-Nachbildung der TanKstelle. Diese RepliK wurde gemeinsam mit einem realistischen Ölporträt der TanKstelle und einer FotosKizze mit einem Auto davor inszeniert und soll später vergrössert Eingang ins Museum des Sammlers finden.

Oft bleibt aber unKlar, ob es sich um das Bühnenbild eines TheaterstücKes im KunstKontext handelt, oder umgeKehrt um Kunst im TheaterKontext, wie im Demenz-ProjeKt. Dieses Verwischen der

the visit triggered and provoKed. Later, the records of this were turned into a performance by actors in the theatre.

Velten's interviews about dementia were published by Herder Verlag not as an art booK, but as a factual booK, something that Velten had intended as part of his concept. However, the artist doesn't only create art in the social sphere. Again and again over the course of his career he has examined the art system itself, as in his installation *Urgarage – eine SKulptur füs VolK* (*Ancient Garage – a sculpture for the people*) in the Zurich gallery of Nicola von Senger. When visiting the gallery, in the area nearby the artist found the remnants of a petrol station, which turned out to be the first petrol station belonging to Emil Frey, Switzerland's biggest importer of Japanese cars and a relative of the gallery-owner. In discussions with his son Walter Frey, a vintage car collector who treats his cars liKe sculptures and dedicates his own museum to them, an idea tooK shape for a mobile sculpture, a chrome replica of the petrol station. This replica was presented together with a realistic oil painting of the petrol station and a photo-sKetch with a car in front of it,

Grenzen dessen, was man unter Kunst versteht oder was die Kunst ist und ob Kunst nicht an sich therapeutischen Zweck hat, ob für Sammler, Künstler, Galeristen oder Museumsmänner, ist Veltens Interesse. Die Umsetzung der gelebten und erlebten Bilder in Sprache oder umgekehrt rührt dabei am ureigensten Kern dessen, was den Menschen ausmacht.

and was later placed in the collector's museum in enlarged form.

It often remains unclear, however, whether it is the set of a drama presented in an artistic context or vice versa, that is, art in a theatre context, as with the dementia project. This blurring of the borders between what is perceived as art or what art is and whether art has a therapeutic purpose in itself, be it for collectors, artists, gallery-owners or museum curators, is what interests Velten here. The implementation of the images lived and experienced in the form of language or vice versa is based here on the very core of what it is to be human.

Translated by Jeremy Gaines

Spiegelung

Lilian Pfaff
Spiegelung / Mirroring

Lilian Pfaff: In diesem Buch geht es erstmals direkt um dich als Künstler. Sonst bist du immer der Fragensteller, dieses Mal ist es umgekehrt. Stellst du dich damit gleich mit deinen Gesprächspartnern?

Till Velten: Ja, in gewisser Weise. Ich verstehe mich auch als Sammler und Forscher, wie viele der von mir befragten Menschen. Mich interessiert meistens deren Biografie, aber gespiegelt und damit gefiltert durch meine eigene Biografie, bis die Welt oder die Obsession eines anderen zur Darstellung kommt. Spiegeln ist ein neues Wort, dessen Bedeutung mir erst durch die Arbeit an diesem Buch klar geworden ist. Deshalb auch der spiegelnde Umschlag und der Titel *Spiegel, Ketten, Übergänge*.

Lilian Pfaff: Während du in deinen Gesprächen den Gesprächspartnern den Spiegel vorgehalten hast, wird deine Arbeit nun von verschiedenen Autoren gespiegelt. Spiegelungen sind ein wichtiges Thema in diesem Buch. Was interessiert dich daran?

Till Velten: Damit ein solches Buch über meine Arbeit nicht nur eine Rückschau ist, habe ich gewünscht, dass Menschen meine Projekte und die Personen, die Teil davon sind, selber beschreiben und sie sogar auch alle

Lilian Pfaff: This book is the first to directly address you as an artist. Otherwise it is you who always ask the questions, while this time it is the other way round. Are you thus putting yourself on an equal footing with the people you have talked with?

Till Velten: Yes, to a certain extent. I also see myself as a collector and researcher, like many of those I interview. I am usually interested in their biography, but mirrored and thus filtered through my own biography until the world or the obsession of the other person is represented. Mirroring is a new word whose meaning first became clear to me in the course of work on this book. Which is why we chose the reflective cover and the title *Spiegel, Ketten, Übergänge* (*Mirrors, Chains, Transitions*).

Lilian Pfaff: While in your conversations you held a mirror up to those you were talking to, your work is now being mirrored by various writers. Reflections are an important topic in this book. What do you find interesting about them?

persönlich treffen. Ihnen begegnen. Diese Begegnung ist ein ganz zentraler PunKt meiner Arbeit. Es sind ja auch zwei neue ProjeKte dabei.

Lilian Pfaff: In der Arbeit mit Uri Geller geht es um eine Vision, die dieser von der Infantin Isabella hat. Er sieht ein Bild vor Augen. Mir scheint diese Arbeit wichtig für dein eigenes Künstlerisches Vorgehen zu sein, vor allem bedenKt man deine FotosKizzen. Kannst du die Arbeit mit Uri Geller nochmals genau beschreiben oder wie du dazu geKommen bist?

Till Velten: Bei der Arbeit mit Uri Geller, dem vom Fernsehen beKannten Löffelverbieger, gab es verschiedene wichtige AspeKte. Zum einen die persönliche Begegnung mit ihm vor etwa fünf Jahren in Berlin während einer Ausstellung im Gropius-Bau, initiiert von Dorothea Strauss. Sie wusste seit meiner Ausstellung *SpuK* bei ihr im Freiburger Kunstverein, dass mich solche unKlaren, nicht mit rationellen Mustern zu fassenden Phänomene interessieren. Zum anderen dann sein vor meinen Augen glaubhaft vollzogenes Löffelverbiegen. Dieses Phänomen oder seine Begabung wollte ich in einem forschenden Gespräch Klären, was jedoch wegen des Medienrummels um ihn herum unmöglich

Till Velten: To ensure that such a booK on my worK is not just a retrospective I wanted people themselves to describe my projects and the people who are part of them and even to meet them all in person. This encounter is a very central element in my worK. And there are two new projects included, too.

Lilian Pfaff: In the piece with Uri Geller, the focus is on a vision that he has of the Infanta Isabella. He has a picture before his eyes. To my mind, this piece seems to be important for your artistic approach, above all if one bears your photo sKetches in mind. Can you perhaps describe the piece with Uri Geller a little more closely and how it came about?

Till Velten: As regards the worK with Uri Geller, the man who so famously bends spoons on TV, there were various Key aspects: on the one hand, my impression when I met him for the first time in person about five years ago in Berlin during an exhibition at Gropius-Bau initiated by Dorothea Strauss. She Knew, at the latest since my show *SpuK* when she was director of Freiburger

war. Er meinte jedoch, ich solle ihn in London besuchen – er würde mir alles erklären. Diese Einladung habe ich dann fünf Jahre später angenommen und ihn mit der Schriftstellerin Birgit Kempker in London besucht.

Im Gespräch mit ihm, Birgit und mir, wo er uns beiden wieder glaubhaft je einen Löffel verbog und schenkte, ging es dann eben darum, ob er denn diese wirklich übersinnliche Begabung nicht irgendwie sinnvoller nutzen könne? Er verneinte dies – er könne leider nicht heilen –, aber es gäbe etwas in seiner übersinnlichen Wahrnehmung, was ihn selber erschaudern liesse, und das sei die Wahrnehmung der toten Infantin Isabella über einer Themsebrücke und die Wahrnehmung des ebenso toten Hundes seines Klempners auf dem Beifahrersitz des Firmenlasters. Da sträubten sich Uri die Nackenhaare.

Lilian Pfaff: Wieso hast du hier die Schriftstellerin Birgit Kempker miteinbezogen?

Till Velten: Weil ich ihre verschlungenen, mir rätselhaften Texte mag und weiss, dass sie sich mit solchen übersinnlichen Phänomenen beschäftigt.

Lilian Pfaff: Der Titel dieses Buches heisst *Spiegel, Ketten, Übergänge.* Was meinst du mit Übergängen?

Kunstverein, that I am interested in such unclear phenomena that cannot be grasped in rational terms. On the other, the way he did indeed, before my very eyes, quite credibly bend spoons. This phenomenon or his talent was something I wanted to discuss in an explorative conversation, something that was quite impossible given all the media razzmatazz around him. He told me to come and meet him in London – where he would explain everything to me. I then took up the invitation five years later and met him with the author Birgit Kempker in London.

In the conversation between him, Birgit and myself, where he quite credibly bent a spoon for each of us and then gave them to us as a gift, the focus was precisely on whether he could not somehow use this truly supernatural talent more meaningfully? He said no, he was unable to heal people, but there was something about his supernatural perception that sent a shudder down his own back, namely the vision of the dead Infanta Isabella above a bridge over the Thames and the vision of his plumber's

Till Velten: Mit Übergängen meine ich das, was der Spiegel leistet: Ich spiegele die Welt in Gesprächen, scheinbar extrem unbeteiligt und objeKtiv, was aber natürlich gar nicht geht. Durch meine DenKtätigKeit bilden sich Netze, Vernetzungen, Diagramme, die «dubiosen Systeme», wie ich auch eine Ausstellungsreihe genannthabe.

Aus diesen Netzen entstehen dann durch Übergänge die grossen ProjeKte mit realen Menschen in der Welt, wie zum Beispiel das Demenz-ProjeKt. Das Klingt jetzt sehr theoretisch und wird natürlich auch oft wieder durchbrochen.

Lilian Pfaff: In einem früheren Gespräch hast du einmal davon gesprochen, dass die Gespräche mit den Menschen SKizzen der Gesellschaft sind. Ich möchte hier auf die AusstellungsobjeKte eingehen, welche Rolle spielen diese? Sind sie Übersetzungshilfen?

Till Velten: Das ist eine gute Frage, die mich immer beschäftigt. Die Gespräche sind tatsächlich in die Gesellschaft tastende SKizzen, wie Fotos oder Zeichnungen. Das reicht mir dann aber nicht, oder immer weniger, da ich mir durch diese vielen Gespräche auch deren Ambivalenz und ScheinhaftigKeit bewusst geworden bin wie des Umstands, dass Gespräche

equally dead dog on the passenger seat of the company's van. It made Uri's hair stand on end.

Lilian Pfaff: Why did you include author Birgit KempKer in the conversation?

Till Velten: Because I liKe her circuitous texts, so mysterious to me, and I Know that she concerns herself with such supernatural phenomena.

Lilian Pfaff: This booK is entitled *Spiegel, Ketten, Übergänge* (*Mirrors, Chains, Transitions*). What do you mean with transitions?

Till Velten: I thinK "transitions" describes what a mirror accomplishes: I mirror the world in conversations, seemingly completely neutrally and objectively, which is of course quite impossible. By my thought networKs arise, connections, diagrams, the "dubious systems" that I used as the title for a series of exhibitions.

These networKs then in turn give rise through transitions to the large projects with real people in the world, as, for example, with the project on dementia. Now that may sound very theoretical and is, of course, often undermined.

manipulierbar sind und immer anders gelesen werden. Besonders fiel mir dies auf in der Arbeit *Seelenräume* – eine Forschung mit Katholischen Priestern im Recollectio-Haus des Klosters Münsterschwarzach, einer Einrichtung von Anselm Grün für Priester mit Burnout-Syndrom. Bei dieser Arbeit mit wortgewandten Priestern habe ich zum ersten Mal das Mittel des Gesprächs verlassen und habe mit den Priestern gebastelt. «Räume der Heilung» als Modelle für ihre eigene Gesundung. Die Arbeit *Seelenräume* habe ich in der Galerie Nicola von Senger in Zürich und im Kulturzentrum bei den Minoriten in Graz 2013 gezeigt.

Lilian Pfaff: Meiner Meinung nach haben alle deine Projekte, so sozial sie sich auch geben, immer mit deinem Verständnis als Künstler, deiner Rolle, dem Kunstsystem und mit dem, was Kunst ist und wer die Kunst macht, zu tun. Denn auffällig häufig interessieren dich Leute, die etwas produzieren, wie Filzbilder oder Glasfenster – und dabei kämpfst du selbst mit dem künstlerischen Produkt und der Darstellung deiner Arbeit.

Till Velten: Ja, es geht mir genau darum. Natürlich sind es soziale Wahrnehmungen

Lilian Pfaff: In an earlier conversation you once talked about the conversations with people being sketches of society. I would now like to discuss the exhibits, what role do they play? Are they translation aids?

Till Velten: That's a good question I often wonder about. The conversations are in fact sketches that tentatively explore society, like photographs or drawings. That doesn't satisfy me, or rather to an ever lesser extent, as these many conversations have also made me aware of their ambivalence and lack of clarity and also the fact that conversations can be manipulated and always read differently. This struck me in particular as regards the piece *Seelenräume* – research with Catholic priests in Recollectio House at Münsterschwarzach Monastery, an institution created by Anselm Grün for priests with burnout syndrome. For this piece with eloquent priests, for the first time I abandoned the idea of the conversation and simply joined up with the priests to make things with kits. "Spaces of Healing" as models for their own return to health. I then

und Gestaltungen, die sich damit befassen, ja Kämpfen. Ich stecke nun mal bewusst gewählt in diesem Riesensystem der Kunst. Deshalb auch interessieren mich immer wieder Menschen, die praktisch Bilder – jede Form von Bildern herstellen. Filzbilder, Heilungsräume, Bleiglasfenster, Tierfiguren und so weiter ... Aber ich versuche immer den Rahmen zu stecken. Eigentlich fasse ich deren Arbeit in ein professionelles Setting. Es ist vielleicht ein Mittelding zwischen dem überstrapazierten sozialen Ansatz von Joseph Beuys – der fasziniert, dessen Doppelbödigkeit ich aber als Düsseldorfer Akademiestudent sehr gut kenne, und den ich mich bemühe doch weiter zu entwickeln in dieser veränderten Zeit – und der formalen Strenge von Richard Artschwager oder Donald Judd, die mich immer als Brechung interessiert haben, oder dem typisch belgischen Humor eines Marcel Broodthaers.

Lilian Pfaff: Seit Marcel Duchamp, der Alltagsgegenstände als Readymades ins Museum gestellt hat, ist ja heute alles möglich. Gehst du ähnlich vor, indem du die Welten der Menschen einfach im Kunstkontext zeigst?

Till Velten: Nein, ich verstehe meine Arbeit immer mehr als eine Dienstleistung,

exhibited the piece *Seelenräume* at Galerie Nicola von Senger in Zurich and at the Kulturzentrum bei den Minoriten in Graz, Austria, in 2013.

Lilian Pfaff: In my opinion, all your projects, however social they may seem to be, always have to do with your understanding of yourself as an artist, with your role, the art system and with what art is and who makes it. Because it is striking how often you are interested in people who produce something, such as felt images or glass windows – and in the process you yourself struggle with the artistic product and the representation of your work.

Till Velten: Yes, this is exactly what I focus on. Of course, there are social perceptions and creations that address this, even wrestle with it. I'm deliberately part of this huge art system. Which is why I'm repeatedly interested in people who produce practical images, images of any time. Felt images, healing spaces, stained-glass windows, animal figures and so forth ... But I always try to define the frame. Essentially, I put their work in a professional setting. Perhaps it's

eine Spiegelung der Gesellschaft, die ihre grössten bildhauerischen, künstlerischen Leistungen nicht mehr in der Gestaltung einer Alltagskultur hat, da sind inzwischen ja IKEA und H&M weltweit führend, sondern in der Gestaltung einer sozialen, fast nicht mehr zu greifenden Realität. Diese zu entwerfen, zu «designen» interessiert mich, mit immer neuen Spiegelungen oder Spielen zu sozialen und politischen Lebenszusammenhängen.

Lilian Pfaff: Man könnte deine neueren Kunstobjekte oder Inszenierungen also eher als Spielfelder einer sozialen Realität verstehen denn als dubiose Systeme?

Till Velten: Das stimmt, es sind in einer gewissen Art «Gesellschaftsspiele», wobei der Begriff sozial noch genauer zu analysieren ist, da ich selber nicht mehr so genau weiss, was dieses «sozial» heute genau ist. Das verändert sich in letzter Zeit.

Lilian Pfaff: Deine Fragen, wie zum Beispiel was die Gespräche bei den Personen bewirkt haben, wie bei dem Demenz-Projekt, sind doch eigentlich Fragen nach der Wirkung deiner Kunst?

Till Velten: Nein. Das war der überprüfende, demütige Versuch primär heraus-

something halfway between the over-cooked social approach of Joseph Beuys – who is fascinating, with whose ambivalence I am closely acquainted as I studied at the Düsseldorf Academy, and which I try to advance in these changed times – and the formal stringency of Richard Artschwager or Donald Judd, who have always interested me as a rupture, or the typically Belgian humour of Marcel Broodthaer.

Lilian Pfaff: Ever since Marcel Duchamp, who placed everyday objects in a museum as readymades, anything goes. Do you take a similar approach by simply exhibiting people's worlds in an art context?

Till Velten: No, I always consider my work as a service, as a reflection of society, whose greatest sculptural, artistic achievements are no longer about shaping everyday culture, as now IKEA and H & M are world leaders – but in shaping a social, now almost intangible reality. Creating that, designing it, is what interests me, with ever new mirrorings of the social and political contexts or games about them.

zufinden, ob meine Wahrnehmung dieser Demenz-WG und des Kindlich gewordenen Walter Jens, die mich beide aufgrund ihrer Wahrhaftigkeit fasziniert haben, bei anderen Menschen auch so gewirkt hat. Bei den demenziell Erkrankten habe ich als Künstler keine wahrnehmbare Wirkung gehabt. Die sind viel weiter als ich im Fallenlassen von Kognitiven Beschränkungen.

Lilian Pfaff: Ich habe das Gefühl, dass du in deinen jüngeren Projekten mehr noch die Fragen, die dein eigenes Kunstschaffen betreffen, bearbeitest. Den Ausgangspunkt, woher der Drang stammt, Kunst zu machen, die Wirkung auf andere und so weiter? Siehst du das auch so?

Till Velten: Ja, unbedingt! Das hängt natürlich mit dem Alter zusammen, mit eigenen Erfahrungen der Endlichkeit von Leben. Dann interessiert mich immer mehr natürlich auch die Frage, warum mich bestimmte Bilder, Bewegungen anspringen und andere nicht. Das ist ja die grosse Untersuchung *Wonnhalde*, die 2017/2018 zu sehen sein wird. Ein Jahr lang habe ich ein bestimmtes Naherholungsgebiet so gut wie täglich durchwandert, dabei fotografiert

Lilian Pfaff: Should one view your recent art objects or stagings more as playing fields of a social reality than as dubious systems?

Till Velten: Indeed, to a certain extent they are "parlour games", whereby the social aspect needs to be analysed more closely, as I do not myself really know what the term "social" exactly refers to today. It has been changing of late.

Lilian Pfaff: Your questions, such as how the conversations affected the people, such as with the dementia project, are actually questions about how your art works, aren't they?

Till Velten: No. That was the re-assessing, humble attempt to establish primarily whether my perception of the dementia flatshare and Walter Jens, who had become almost infantile, and the two fascinated me with their sincerity, also affected others the same way. As an artist I had no perceptible impact on the dementia sufferers. They go much further than I do in dropping cognitive restrictions.

Lilian Pfaff: I get the feeling that in your recent projects you tend to address questions relating more to your own artistic production. The starting point of where the

und mir die Begriffe notiert, die mir bei diesen verschiedenen Naturbildern und Geräuschen beim Entdecken kamen. Und es ist natürlich immer die Frage, inwieweit der Beruf des Künstlers die Komplexität einer modernen Welt mit seiner Schnelllebigkeit überhaupt noch zu fassen imstande ist!

Lilian Pfaff: Mittlerweile beziehst du ja ganz bewusst all die Verantwortlichen in deinen Projekten in die Objektproduktion mit ein, wie beispielsweise bei den hier vorgestellten Ketten. Waren es früher die Systeme, die du als Diagramme dargestellt hast, in denen die Beteiligten verzeichnet waren, so sind sie nun im wörtlichen Sinne die Glieder einer Kette?

Till Velten: Wenn ich ehrlich bin, haben mich früher bei Filmen beispielsweise immer die unendlichen Abspanne und Vorspanne mit ihren endlosen Namensnennungen am meisten interessiert.

Lilian Pfaff: Also du würdest meine Frage bejahen?

Till Velten: Nein, ich verstehe die Beteiligten nicht als Glieder einer Kette. Die Ketten sind mehr Inszenierung der Abspanne und Vorspanne, wie eine

impetus arises to make art, its effect on others, and so on. Is that how you see it?

Till Velten: Most definitely! That is of course a matter of age, of one's own experience with the finite nature of life. And then I invariably am ever more interested in the question why I am intrigued by certain images or movements and not by others. There's my major study *Wonnhalde*, that will be on show in 2017–2018. For an entire year I wandered around a particular local leisure area as good as every day, took photographs, noted down concepts that I hit upon given the images of nature and sounds I discovered. And there is of course always the question of what the profession can actually now grasp!

Lilian Pfaff: You now quite deliberately include everyone responsible in your projects in the production of the objects, such as in the case of the chains presented here. While initially it was systems that you represented by diagrams in which everyone involved was recorded, they are now quite literally links in the chain, aren't they?

Till Velten: To be honest, what used to interest me most in films was the incredibly long opening and

Klammer, innerhalb der das Geschehen dann passiert.

Lilian Pfaff: Warum ist es dir so wichtig, dass das Verhältnis reziprok ist, also dass die Personen, die deine Kunst im Kunstsystem ermöglichen, auch etwas von dir zurückerhalten?

Till Velten: Es sind meiner Wahrnehmung nach viele, immer grösser und komplizierter werdende Arbeiten, die sich auch immer mehr aus dem vorgegebenen Rahmen der Kunstproduktion herauslehnen, die ich den damit verbundenen Menschen als ein Art von Spiegelung von mir zurückspiele. Wobei eine Spiegelung immer offen bleibt und nichts behauptet. Wofür ich ja oft angegriffen werde.

Lilian Pfaff: In welchem Sinne?

Till Velten: Na ja, die immer gleiche Frage: Was willst du damit denn eigentlich sagen. Anstelle mal abzuwarten, was die Arbeit bei einem selbst (dem Betrachter) auslöst und wohin sie sich im Verlauf des Prozesses entwickelt.

Lilian Pfaff: Soweit ich das verstanden habe, porträtierst du mit den verschiedenen Formen und glasierten Farben der Ketten auch die jeweilige Person oder dein Verhältnis zu ihr? Kannst du das genauer beschreiben?

closing credits with those endless lists of names.

Lilian Pfaff: So you would agree?

Till Velten: No, I do not view those involved as links in a chain. The chains are more a staging of the opening and closing credits, a bracket within which the action then unfolds.

Lilian Pfaff: Why is it so important to you that the relationship is reciprocal, meaning that the persons who enable your art in the art system also get something back from you?

Till Velten: My perception is that the numerous works are getting ever larger and more complex, are increasingly moving out of the preset frame of art production that I play back to the people involved as a kind of mirroring of myself. Whereby the mirroring is always open and does not assert anything. Something for which I am often attacked, after all.

Lilian Pfaff: In what way?

Till Velten: Well, with the constant question: What are you trying to say? Instead of waiting to see what the work triggers in you as the viewer and where it goes in the course of the process.

Till Velten: Nein, es ist nicht ein Porträt, es ist eher nochmals der Versuch, ein solches Gespräch auf nonverbale Art – im Sinne eines traditionellen Geschenks – zu machen und hier die eigentliche Kunst, also die Bildhauerei als Endprodukt oder als Ersatz des Gesprächs, einzubringen. Vielleicht stehen die Ketten auch für das, was man mit Worten nicht findet.

Lilian Pfaff: Du entfernst dich damit von deinen Gesprächen und kommst zurück zur Bildhauerei, die du ja bei Fritz Schwegler in Düsseldorf studiert hast. Ist es eine «komprimierte» Objekthaftigkeit, in die die psychologischen und narrativen Elemente der Lebenswelten der Menschen einfliessen und die du damit gesamtumfassender als in den Gesprächen versuchst zu fassen?

Till Velten: Das findet statt, weil man irgendwann die Doppelbödigkeit und Verführbarkeit der Sprache in ihrer ganzen Abgründigkeit bemerkt. Endlich komme ich wieder zurück zur Bildhauerei. Die ganzen vorher forschenden Gespräche sind verstummt und es entsteht eine andere für mich zurzeit wichtigere Wirklichkeit. Die ist natürlich letztendlich auch wieder

Lilian Pfaff: If I understand correctly, with the chains' different shapes and glazed colors you portray the respective person or your relationship to them? Could you describe this a little more closely?

Till Velten: No, it is not a portrait, it is rather a renewed attempt to conduct such a conversation at a non-verbal level, in the sense of a traditional gift, and to bring the real art to bear, namely sculpture as the final product or the substitute for a conversation. Maybe the chains stand for what cannot be couched in words.

Lilian Pfaff: You are thus moving away from your conversations and returning to sculpture, which you originally studied under Fritz Schwegler in Düsseldorf. Is this some "compressed" object-based essence into which the psychological and narrative elements of people's life-worlds flow, and which you thus seek to grasp in a more comprehensive way than in conversations?

Till Velten: It occurs because at some point you notice the ambiguity and seduction of language with all its unfathomable depth. I'm returning at long last to sculpture. All the prior exploratory conversations have fallen silent and a different reality arises for me that is more important. It is one

auflösbar oder Auslöser für den Transport durch Gespräche in die Ideenwelt und in die Idee der Arbeit. Das ist ein Hin und Her …

Lilian Pfaff: Wäre dasselbe auch in einfacherer Form mit Tieren möglich? Wie zum Beispiel mit deinem Hund, mit dem du die Spaziergänge gemacht hast, bei denen die FotosKizzen entstanden sind.

Till Velten: Ja, das ist interessant, eine neue Arbeit beschäftigt sich intensiv mit Tieren. Tiere schweigen – das tut mir gut. Tiere beobachten ganz anders als ich – das ist wohltuend. Tiere denKen nicht – das ist wohltuend. Tiere schlafen eher – das ist wohltuend. Tiere haben in den meisten Fällen Vertrauen – das gefällt mir. Mit welcher Art von Wahrnehmung sich ein Tier in einer Komplexen Landschaft orientiert, interessiert mich im Gegensatz zu meinen Orientierungssystemen.

Lilian Pfaff: Das Klingt alles sehr ernst, aber manchmal muss man bei deinen Arbeiten, wie bei den beiden Figurinen der Schwimmerinnen (Josephine und ihrer Begleiterin), schmunzeln. Dabei hältst du jedoch immer die Grenze ein, den Personen mit Würde zu begegnen. Wo siehst du

that in the final analysis can of course liKewise dissolve or trigger the transportation through conversations into the world of ideas and into the idea of worK. It's a to and fro …

Lilian Pfaff: Would the same thing be possible in more simple form with animals? For example with your dog, which you tooK on your walKs where you made the photo-sKetches.

Till Velten: Yes, that's interesting, a new piece focuses closely on animals. Animals are silent, which is good for me. Animals watch in a way quite unliKe mine, which does me good. Animals don't thinK, which does me good. Animals tend to sleep, which does me good. In most cases, animals have confidantes, which I liKe. The form of perception an animal uses to orient itself in complex countryside interests me as against my own orientation systems.

Lilian Pfaff: That all sounds very serious, but sometimes I find myself smiling when looKing at your worKs, such as the two figurines with women swimmers (Josephine and her Companion). You always maKe certain to treat the person with courtesy

oder ziehst du hier die feine Linie, und wie wichtig ist dir Humor?

Till Velten: Das wichtigste ist der Humor. Aber ich habe es eben in meinen Arbeiten immer mit einer ganz intensiven Beschäftigung und Verbindung mit Menschen und ihren Biografien zu tun, das ist die Würde. Es geht eben um Begegnung – und da braucht es oft zum Aufbrechen und Weitertreiben einer Arbeit den Humor. Aber Humor hat viele Abstufungen und Färbungen. Beim bildhaften Abbilden einer Situation genügt als Aufbrechen beim Betrachter dann eben das Schmunzeln. Das Schmunzeln ist der Schlüssel.

Lilian Pfaff: Mit den Gesprächen bist du aus den bekannten Regeln der Kunst ausgebrochen. Gehst du jetzt wieder zurück zu deinen Anfängen als Bildhauer, und hat das auch etwas mit dem heutigen Kunstmarkt zu tun, dass du nun Objekte produzierst?

Till Velten: Puhh, also ich bin ja nicht ausgebrochen – eigentlich plappert ja jetzt jeder, so dass ich das Gefühl habe, etwas anderes tun zu wollen. Ich denke, die Uri-Geller-Arbeit ist die letzte und wird

and dignity. Where do you think the fine line must be or must be drawn, and how important is humour?

Till Velten: Humour is the most important thing. But in my work I always engage very intensively with people, connect with them and their biographies, that is the dignity. For this is all about encounters, and often you need to break things up and encourage them with humour. But there are many gradations and colors to humour. When it comes to representing a situation in an image, a smile on the viewer's face often suffices to break things up. The smile is key.

Lilian Pfaff: With your conversations, you broke out of the conventional rules of art. Are you now returning to your early days as a sculptor and does the fact that you are now making sculptural objects have something to do with today's art market?

Till Velten: Hmmm, well I didn't break out, it's simply now just about everyone is gabbling, so I feel I should do something else. I think the Uri Geller piece is the last one and will bring to an end this entire "dubious conversation research". The conver-

diese ganze «dubiose Gesprächsforschung» beenden. Die Gespräche werden nun als auszustellendes Element umgesetzt, indem ich die empfangenden Worte von Uris Vision durch Birgit Kempker nun physisch wieder real materialisiere.

Natürlich forsche ich weiterhin durch Fragen. Die Kunst besteht ja darin, für komplexe Sachverhalte die richtigen Fragen zu finden. Aber es müssen nicht immer Antworten kommen. Ich gehe jetzt viel freier mit dem Editing der Arbeiten um – mal nur die Fragen, mal nur die Antworten, mal der ganze Talk, verwandelt in Wasserrauschen.

Lilian Pfaff: Es spricht nun also niemand mehr – ausser du als Künstler durch die Arbeit. Was bedeutet dir das Schweigen?

Till Velten: Man darf das Schweigen nicht überbewerten. Für mich ist es extrem wohltuend, aber auch schwierig, wenn zum Beispiel mein Cutter Mathieu das ganze Gespräch der Schauspielerinnen im dampfenden Naturbadesee über Krankheit, Dampf und Filzwolle einfach als Rauschen in das Wassergeräusch integriert, um dieses zu verstärken. Aber es funktioniert!

sations will now be realized as elements to be exhibited by my taking the words Birgit Kempker received on Uri's vision and giving them real physical materiality again.

Of course, I continue to explore by asking questions. The art is to find the right answers for complex matters. But there need not always be answers. I'm now much freer in how I edit the works, sometimes just the questions, other times just the answers, or even the whole talk, transformed into the sound of rushing water.

Lilian Pfaff: So no one speaks any longer, other than you as the artist through the medium of the work. What does silence mean to you?

Till Velten: Silence cannot be underestimated. It really does me good, but it is also difficult if, for example, my cutter Mathieu takes the actress's entire conversation in the steaming natural lake, where they talked about illness, steam and felt, and integrates it as a rushing sound into that of the water to intensify it. But it works!

Translated by Jeremy Gaines

Das grosse, mysteriöse Gesellschafts-spiel

Konstantin Adamopoulos

Das grosse, mysteriöse Gesellschaftsspiel / The great, mysterious social game

1 Johannes 1.1 und 1.14 / John 1:1 and 1:14

«Im Anfang war das Wort», heisst es beim Apostel Johannes. «Und das Wort ward Fleisch und wohnte unter uns.»[1]

Es geht um das grosse, mysteriöse Gesellschaftsspiel. Wir erkennen uns in unserem Gegenüber. Beachten wir einander in Würde, in der Aufrechten voreinander? Begegnen wir uns wie unter dem Schutz des Himmelsgewölbes oder verlieren wir uns selbst und unsere Orientierung im irdisch horizontalen Strudel des Alltagslärms? Das ist eine Entscheidung, die wir als Individuum in der Begegnung treffen, immerfort. – Als Künstler möchte Till Velten Mysterien des Alltäglichen entdecken, sie aus den Zusammenhängen heraus freilegen und, künstlerisch gesteigert, erneut einbringen in das grosse Drama, das wir das Leben nennen. Er nimmt sich Zeit dafür. Velten folgt seinem Interesse am Besonderen in Menschen. Seine Werke zeigen sie als Individuen, und zwar so, dass ihre Einzigartigkeit auch für andere ersichtlich und als besonders erlebbar wird. Sein künstlerisches Tun rechtfertigt sich allein schon durch die achtsame Anteilnahme und Würdigung seiner Protagonisten. Er setzt sie als Partner in Szene, lässt sie

"In the beginning there was the Word", St. John's Gospel says. "And the Word became flesh and dwelt among us."[1]

What we are talking about here is the great, mysterious social game. We recognize ourselves in the other. Do we respect each other, treat each other with dignity? Do we encounter one another as though under protection of the heavens or do we lose orientation in profanity, in the roaring noise of civilization? That is a decision we continually make when encountering the other. Artist Till Velten seeks to discover mysteries of everyday life, to lay them bare against their context, against the background they are set in – and then, after enhancing them artistically, weave them back into the great drama that we call life. He takes time for that. Velten follows his interest in what makes people special. His works show them as individuals, namely in a way that their uniqueness becomes obvious for others too and moreover alive in its individuality. His work as an artist takes its justification from a very aware empathy and appreciation for his protagonists. For him they

2 Michael Ende, *Momo,* Stuttgart 1973, S./p. 22 (trans.)

meist selbst ihre Geschichte in die VideoKamera sprechen und addiert für die Ausstellungen zum Videomonitor Accessoires aus ihrer Lebenswelt zu assoziativen Wahrnehmungsinseln. Velten Kreiert also Betrachtungsumstände und vertraut darin auf das gesprochene Wort. Ich erKenne hieran KonKrete Fragen unterschiedlicher Kategorien: Wie muss der Künstler zuspitzen, damit seine Intervention im Lärm des Alltags herauszuhören ist? Wie Kann das Künstlerische Tun für den Einzelnen als StärKung wirKen? Woher Kommt die Künstlerische Kraft zu insistieren?

«An manchen Abenden, wenn alle ihre Freunde nach Hause gegangen waren, saß sie noch lange allein in dem großen steinernen Rund des alten Theaters, über dem sich der sternenfunKelnde Himmel wölbte, und lauschte einfach in die große Stille. Dann Kam es ihr so vor, als säße sie mitten in einer großen Ohrmuschel, die in die Sternenwelt hinaushorchte. Und es war ihr, als höre sie eine leise und doch gewaltige MusiK, die ihr ganz seltsam zu Herzen ging.»[2]

Till Velten findet die Einstiege zu seiner Kunst des Sprechenlassens im wahrsten Sinn auf der Strasse, in Begegnungen. So bemerKt er beispielsweise einen Mann mit Hund.

are partners, he allows them to tell their own story in front of his video camera and adds, in his exhibitions, accessories from their natural environment to form associative "islands of perception". Thus Velten creates surroundings and relies in the spoKen word within that context. Here I recognize specific questions from different categories: How should the artist point out details so that his intervention can be heard within the noise of everyday life? How can artistic activity strengthen the individual? Where does the artistic power to insist come from?

"On some evenings, when all her friends had gone home, she used to sit by herself in the great stony circle of the old theatre above which the starry sKy arched, and simply longed for the great silence. Then it appeared to her as if she were sitting in the middle of a great ear conch that led into the world of the stars. And it seemed to her that she heard a soft and yet powerful music that touched her heart in its own peculiar way."[2]

Till Velten finds points of access to his art of inviting people to speaK

Vielleicht zieht ihn der in jeder Hinsicht aufrechte Gang des stattlichen Herrn im gepflegten Anzug an. Vielleicht ist es auch die Art der Vertrautheit zwischen Tier und Mensch, die den Künstler stehen bleiben lässt. Hans Schmitt heisst der Mann. Wie spricht Till Velten ihn in der Masse von Menschen an? Wie kam es zu ihrem Austausch? Spiegeln sich die beiden und, wenn ja, wie? Haben sie sich gewissermassen wiedererkannt? – Mich beginnt der Kern der Begegnung der beiden zu interessieren. Was ist hier das «inter-esse», das, was dazwischen ist?

Ich durfte Hans Schmitt später einmal allein besuchen und konnte in ihm unschwer einen zutiefst integren Wahrheitssucher erkennen, dem es um seine wie die allgemeine menschliche Entwicklung geht. Das Vertrauen in diese Entwicklung begleitet ihn durch sein ganzes Leben. Das hat mich berührt und gefreut.

Wie Till Velten und Hans Schmitt sich trafen, scheint beiden nicht mehr so präsent zu sein. Der Ursprung wirkt überlagert von all den folgenden Gesprächen. Mittlerweile agieren in der persönlichen Begegnung auch die üblichen wechselseitigen Übertragungen: hier der Künstler, dort der Personal Trainer

on the street in the very sense of the word, in encounters. Thus, for example, he notices a man walking his dog. Maybe he is attracted by the upright gait of the elegant man in the smart suit. Maybe it is the kind of familiarity between animal and human that makes the artist stop. The man's name is Hans Schmitt. How does Till Velten address him in that crowd of people? How did their interaction start? Do the two mirror each other, and, if yes, how? Did they recognize each other in any way? – I am starting to get interested in what really makes up the core of their encounter. What is the "interest" here, that which is between them?

Later on I had the chance to visit Hans Schmitt at home and found a deeply upstanding truth-seeker who is concerned with his own as well as general human development. The trust in this development accompanies him throughout his whole life. That touched me and made me glad.

How Till Velten and Hans Schmitt met, neither of them seems to clearly remember. Their initial meeting seems to be overlaid by all the

mit Milieu-Vorgeschichte. Velten führt Videointerviews mit Schmitt zu dessen bewegter Vergangenheit als Rausschmeisser, Bordellbetreiber, Bodybuilder, Hundeliebhaber, Veganer, Menschenfreund, Rosenkreuzer. – Der Respekt zwischen beiden trägt unbenommen. Eine Besonderheit fasziniert darüber hinaus: Schmitt, der heute als lebenserfahrener Gesundheitsberater arbeitet, achtet auf sprachliche Formulierungen, auf Wortungereimtheiten, die er in den Medien und auf seinen Besuchen bei Vortragsabenden hört. Er würdigt das Gesagte bis in die dahergeschwallte Redewendung. Schmitt notiert es aus der Erinnerung in seine Kladde, um anschliessend dem Gemeinten in seiner möglichen Bedeutung nachzugehen, wie er mir im Gespräch versichert. Er hält die Textfragmente zusammen, die er seit Jahrzehnten niederschreibt. Heft um Heft füllt er ordentlich mit Bleistift und in Druckbuchstaben. «Das ist doch bigott», «Wo ist die Provenienz dieser Behauptung», «Erlauben Sie mir als Literat das zu sagen», «Seit 70 Jahren leben wir mit dem Schreckgespenst der nuklearen Zerstörung» und so weiter. Seitenlang stehen solche Zeilen feinsäuberlich untereinander.

conversations that have followed. Meanwhile their personal encounter is informed by the usual mutual transferences: on the one side there is an artist, on the other there is a personal coach with a past in the red-light milieu. Velten conducts video interviews with Schmitt about his colorful past as a bouncer, brothel owner, bodybuilder, dog lover, vegan, philanthropist, Rosicrucian. Their mutual respect informs their relationship. Moreover, one particular feature is fascinating: Schmitt, now working as a health counsellor, pays particular interest to formulation, to formulative inadequacies that he notices in the media and when attending lectures. He appreciates what has been said – down to the off-the-cuff utterances. Schmitt writes down such manners of speech in his jotter to subsequently follow up what was meant, as he assures me in a conversation. He keeps the text fragments that he has written down for decades. He neatly fills book after book in pencil and using block letters. "That is hypocritical", "Where does that statement come from?",

3 *Pici Mirandulensis oratio de hominis dignitate,* http://www.thelatinlibrary.com/mirandola/oratio.shtml (25.2.2016)

Nur schemenhaft lassen sich die Umstände erahnen, in denen Hans Schmitt sie aufgenommen hat.

Auch im persönlichen Gespräch ist der überaus höfliche Mensch sehr ernsthaft und aufmerksam für sein Gegenüber. Er macht sich sein Wahrnehmen zur gewissenhaften Herzensangelegenheit, wie er auch sein ganzes bewegtes Leben als Ereignisreihe eines ethischen Menschen vorstellt. «Oh, ich habe Sie unterbrochen. Reden Sie!» Unwillkürlich fällt mir Giovanni Pico della Mirandola und seine Rede *Über die Würde des Menschen*[3] ein, wo er den Menschen als «plastes et fictor», als Bildhauer und Schöpfer seiner Biografie deutet. «Miraculum est homo», wie es bei Pico heisst, ein Wunder ist der Mensch, als «privilegium», als Vorrecht, als Ausnahme, dass wir uns innerhalb unseres Lebens in unserer Art, Menschen zu sein, selbst erst freilegen, aufdecken können. Hans Schmitt lebt das ehrlich mit sich selbst durch seine wechselhafte Biografie hindurch.

Schmitt schreibt auf, was ihm in Worten entgegenkommt. Unwillkürlich scheint er die Bedeutung des Universellen für sein eigenes Sinnen darin zu prüfen. Worte, Begriffe, Theorien wirken in jeden einzelnen

"Permit me to say that as a man of letters", "For 70 years we've been living with the specter of nuclear destruction", and so on. For pages and pages such quotes are neatly listed. The circumstances under which Schmitt wrote them down can only be roughly outlined.

This particularly polite man is very serious and attentive to his partner in a personal conversation, too. He makes his perception a conscientious matter of the heart – just like he presents his whole colorful life as a series of events of an ethical human being. "Oh, I have interrupted you – please, go on!" Giovanni Pico della Mirandola and his *Oration on the Dignity of Man*[3] involuntarily come to my mind, where he interprets man as "plastes et fictor", as sculptor and creator of his biography. "Miraculum est homo", as Pico says, man is a miracle, as a "privilegium", a privilege, an exception that we can uncover, reveal ourselves in our lives in our manner of being human. Hans Schmitt is the epitome of honesty in this process throughout his vicissitudinous biography.

Menschen hinein. Direkt oder indirekt formen sie unsere Welt. Das vorausgesetzt, behalten unsere eigenen Kerngedanken ihren universellen Anspruch. Zur Prüfung dessen, was er selbst Aphorismen nennt, bringt Schmitt sie quasi in Distanz zu sich. Er fasst sie nicht zusammen, notiert keine gebündelte Einsicht, auch keinen exemplarischen Sinnspruch. Im Nachgang zu Vorträgen, die er regelmässig besucht, schreibt er sich vielmehr das in ihm Nachhallende ordentlich auf. Er ist ein aufmerksamer Radio- und TV-Nutzer, der den Inhaltshüllen und der Rhetorik nachspürt. «Darauf wird die Entscheidung fussen», «Die Abgehängten dieser neuen Zeit», «Skeptizismus», «Holzheizen ökologischer Unsinn?», «Der bestraft wurde wegen subversivem Unterricht» und so weiter und so fort, über Seiten und Seiten, über Ringheft und Ringheft. Zwischen den Zeilen, die er mit Bleistift in Druckbuchstaben sauber ausführt, lässt er immer einige Linien frei. Die Worte und ihre eventuelle Bedeutung sollen wohl atmen, für sich stehen, abkühlen. Es ist keine Wertung darin und keine Kritik. Vielmehr erscheint der Sinn der Niederschrift mehr die zweckfreie Befragung zu sein: Können die

Schmitt writes down what occurs to him in words. In them, he seems to check the meaning of the universal for his own contemplation. Words, concepts, theories have an impact on each individual's inner life. They form our world directly or indirectly. That said, our core ideas keep their universal claim. To check what Schmitt himself calls aphorisms he establishes a distance to them. He doesn't sum them up, nor does he write down an insight that he has bundled together from them, nor an exemplary motto. In the echo of the lectures he attends, he simply carefully writes down what reverberates in him. He is an attentive user of radio and TV; he traces the mere phrases and the rhetoric of our time. "That is what our decision will be based upon", "The lumpen social class of our time", "Scepticism", "Heating with pellets ecological nonsense?", "Who was punished for subversive teaching", and so forth, page after page, notebook after notebook. He leaves some empty lines between the lines that he neatly writes with his pencil in block letters. The words

Prakmatismus —

exzessiv —

Bildungsferne
Sprachentwicklungsdefizide

Armut im Geiste

Kinder haben Keine Loby
Das ist ~~nä~~ natürlich eine Schieflage

~~Heilpädagokig~~ Heilpädagogik

Hohen Lebenstandart und Bildungsniveau

Neuer Standesdünkel

pathetisch — leidenschaftlich feierlich
auch schwülstig

Pädagoge — Erzieher Lehrer

Der durch die Maschen der Wohlstands
gesellschaft zu fallen droht

Mistag — Fehler

Er Kämpfte sich durch viele Krisen
aufgegeben hat er nie

Hier geht es nicht um unwichtige Winkel
züge
arrangiert antworten

Repräsentation
Manila 12 Mio

Inzestuösen Verbindung

Flirtsignale anhaltentes Lächeln

Verhaltensforscher

Ich nehm nicht das erst beste sondern
das beste erste

Das wär schön wenn man das auch mal
visualisieren Könnte

Was er so in poetische Worte fasst

Da sollte man deeskalierent wirken

Neurofibromatose — Gesicht stark
deformiert

Genetische Mutation

Mutation — sprunghafte Änderung einer
Erbanlage med. Stimmwechsel

mutieren — sich erblich verändern Stimme
wechseln

Sinniert

Werden wir sehn das wir die Speed
etwas generieren

~~generieren~~

generalisieren — verallgemeinern

1988 Mit Vater in München OlympiaStadion
Fussball Russland Holland

Generics — nach Ablauf des Patientenschutzes für den Markennamen frei produzierte Arzneimittel bzw. therapeutisch wirksame Substanzen mit einem internationalen Freinamen — Genericum

Die Asiaten würzen mehr mit Soga als mit Salz

Und das ist spektakulär

Darüber werden wir nicht streiten

generös — grosszügig

Gene — Entstehung

genial — geistvoll

Mit diesem Triumph wächst auch seine Feinde

Für Schweinereien geb ich mich nicht her

Das Könnte zeitverschoben auch woanders stattfinden

Hier lässt sich die Karte schwer spielen

Gesunde Sportlichkeit
Gewebe Straffung
Gewicht abnehmen
jugendliches Aussehen
Bauchweg
Kraft und Ausdauer
gute Muskelmasse zunehmen
AthletischeFigur

aerobes anaerobesTraining
auf Sie abgestimmter Speise undTrainingsplan

Jetzt Starten

Professioneller Köpper Kulturrist
Privattrainer betreut Sie rundum
individuell nach ihren Wünschen und Zeitplan

Garantierter Erfolg

Sollten sie den Schweinehund nicht überwinden
Kein Problem es wird ein Weg gefunden
ganz sicher

~~Ga~~
Kontakt aufnahme 0151/17566127

Denken sie das er seine Publikationen
gelesen hat

Armut in Karlsruhe oder in Kassel ist
nicht das gleiche wie in Kalkutta oder
Kapstadt
Die sind stinksauer in den gleichen
Topf geworfen zu werden

Das sie Selektiv das negativ zu bewerten

Bitte unterbrechen sie mich mal nicht wir sind hier alle gut situiert

Sie halten sich an den Wörtern auf aber das mein ich doch so gar nicht

Mit 25 Kann man auch mal was unsinniges sagen ich bin froh das hier Keinerweiss was ich schon mal mit 25 gesagt habe
Ich wollte einen DisKurs anleiern

Das möcht ich mal hier unum wunden zum Ausdruck bringen

Da sind wir wieder eine Meinung

DisKont — Zinsabzug

Darum sollten wir uns mal was intellegenteres einfallen lassen

Die warten auf Antworten

DisKurrieren — erörtern
DisKurs — Erörterung

Aber sie brauchen immer Geld

Die Robin Hood Parolen sind ja auch schon so alt
Das ist auch eine GerechtigKeitsfrage

Der Tenor dieser Sendung ist folgender

Der grösste Lump im ganzen Land das ist und bleibt der Denunziant

~~Das~~ Lassen sie mal die Zipfelmützen an sicht bitte bei Seite

Denunziant — Angeber aus niedrigen Beweg gründen
denunzieren — anzeigen anschwärzen

Wenn man auch sein Privatleben vermarktet muss man auch daraus die Konsepuenzen ziehen

Aber sie sollte sich mal ihr Gehirn liften lassen aber leider ~~biden~~ bieden das die Chirurgen noch nicht an

Bordell nach Vorbild Bunny Club
Playboy Club nach Hugh Hefner
gehobenes Amüsement

wenn Frauen Keine Sexobjekte wären gäbe es Keine nächste Generation wir sind alle Sexuelle Wesen das ist so

Ich war richtig paranoid das etwas Schief gehen Könnte

Hey ~~ich~~ er muss jetzt den netten Kerl spielen das ist nicht so er ist der nette Kerl wircklich

Das Phantasieelement ist zimlich stark

Sie hat eine grosse Andurasch

Regres — Kostersatzpflichtig

Die haben Kein Raum für Gedanken an andere

Erste Impressionen vom roten Planeten

Du hast dich eben selbst aus dem Rennen gekickt

Das einzige was Schaden nimmt ist dein Ego

Er will der Angst nicht so viel Raum geben

Er besitzt den Hunger etwas beweisen zu müssen

Seine Finesse ist irgendwie weg

Der grösste Schmerz seines Lebens

imagination —

Habilitiert —

Ines Pollin Schneidermeisterin Berlin

Holen die sich auch Feedback

Es gibt ja auch polarisierente Meinungen
Pluralitäten —

Ist das nicht der richtige Weg um das zu Kongretisieren

Ein Frage der Definition

Im Gebet sind alle vereint

Das ist einer ihrer Fachausdrücke

Eine Tragödie

High Glass autfit

Weibliche Füchse — Fähe

Anthologie —

Die verfügen über beste Logistik

Wir können nur mit Hypothesen arbeiten

Wir gehen davon aus das sie keinen Lebensmittelpunkt hat

Politologie — studieren

Car ~~Dschäking~~ Jacking — Autoklau

Fragmente von Fingerspuren

MR Mentale Ratitierung

ächten — vermeiden

·Konsolitierung —

Fachanwalt für Sozialrecht

Das ist nun eine weitgehende Interprätation

Viele haben Angst vor Represalien

Represalien —

Das ist mittlerweile so Komplex das dem
die Menschen gar nicht mehr gewachsen sind

Da wird das wichtigste Kapital aufgebraucht
das Kapital des Vertrauens

Das diese These nicht stimmt es stimmt eher
die erstgenannte These

Ich bewundere ihr Engagement

In dupio poreo — Im Zweifel für den
Angeklagten

Wortfindungsproblem

Schlaganfall Herzinfarkt schnell Strokunit

Aber sie sind wieder voll im Leben ange-
kommen

Das kann man mit Fug und Recht behaupten

Ich hatte die Familiäre Disposition

PsychoKardiologe —

Du hast dir doch deinen Weg gebahnt durch alle Betten das ist eben dein naturell

Sie möchte sehen ob das in ihr luxeriöses Portfolio passt

Portfolio —

Er ist eher Mythos

Vorsozialistisches Genossenschaftsmodel

Ihre loyalität beruht auf den Erfolg des Kapitäns

Er leidet an Selbstüberschätzung

Der Ruhm hallt ihm nach

Armuts Kriminalität

Protagonist — Akteure Mitspieler

Da hämmert er immer an verschlossene Türen

Das ist nur bedingt richtig

Sein Gesicht wird beherrscht von einer grossen gebogenen Nase

Das ist eine sehr riskante Vorgehensweise

Der Zustand der Bienenwelt sagt viel aus über den Zustand unserer eigenen Welt aus

Die meisten Tiere waren schon vor der Armut in der Familie

Claudia Hollm Hundetafel Brandenburg

Er kann dich in den Himmel heben oder vernichten

Eine gut durchdachte PR. Strategie

Er kann nur gewinnen wenn er die wohlkalkulierten lackierten Sätze weglässt

Wer sich so verhält muss total verzweifelt oder ahnungslos sein

Der Markt ist total abgegrast

Eine wichtige Botschaft ist

Wie hoch können Türme in den Himmel wachsen?

Da wird er ganz nachdenklich und Pylosophisch

Er war eine Institution der Branche

Haute Couture

Ich dachte du nimmst den Ball jetzt auf

Dr. Klaus Werner Schulte
Dermatologe Uni Klinik Düsseldorf

Anthologie — Gedichtsammlung

Globale Lebensmittelkrise Haiti
Die galopierente Preise haben sozialen Spreng
stoff

Flachbild Fernsehen LCD gut ☺
Plasma ?
100 Herz ?

Er hat ein etwas rustikalen Charm

Novelle —

Das ich nicht umhin konnte es ihnen zu sagen

Oboist — einer der Oboe spielt

Bilder die sich in die Seele brennen

Diffamieren — verleumden

Denunziant — Angeber aus niedrigen Beweggründen
denunzieren — anzeigen anschwärzen

Mystik — Lehre von Geheimen

Vielleicht sollten wir eine sachliche Problemlösung
suchen

Kontitionierung –

Dann wird er erleben was passiert

Sie sind auf gefährlichem Gebiet sprachlich gerade

Das hab ich mir nicht ausgedacht das gibt es wirklich

Ich find es schön und gut was du sagst aber da hast du etwas missverstanden

Er ist einer der seine Liebenswürdigkeit hinter Missmut versteckt

Ich kann das korigieren

avanciert –

Promotionsarbeit

Ich hör nur zu und lass das an mir vorbei rauschen

Was du für uns Reportiert hast

Das wir wirtschaftliche Argumente in den Vodergrund stellen

~~Was hat~~

was hat den einen zu interessieren was der andere macht

Darüber hab ich nur allein zu entscheiden

Gegenwärtig gibt es auf der Welt 800 Mio Autos 6. 6. 2008

Ein genialistisches Lied

Wien 2 Mio

An der oberfläche Herzlich aber der Kern ist böse

Ich habe mir meine dialektalische Sprache abgewöhnt

Was spüren sie da mental

Wir sind nicht elitär

Das ist nicht wünschenswert

Sie hat das Lied adaptiert

Die Zyniker sagen

Er hat Probleme zu einfachen Leuten eine Wellenlänge zu finden

Das ist doch Kalter Kaffee den muss man nicht noch mal neu aufwärmen

Er transportiert eine Idee

Dann gibtes eine win win Situation

Das ist zu Kurz gegriffen

Auch Eisen lässt sich biegen wenn der Druck stark genug ist

Die mit perversen Kollagen versuchten Hass zu schüren

skandiert —

Da musst du ganz schön Egodenken haben und Ellenbogen der Wind da oben pfeift ganz schön kalt

Mundgeruch — ~~Halidosis~~ Halitosis

Halidose behandlung
Chlorhexidindigluconat CHX oder Triclosan
516 ZDF

Er ist Massenkompatibel

Das ist doch das Paradoxum der Geschichte

Essayist

Parodistischer Lyrik —

Da hab ich nicht so die Ökonomie

Schmerzen
Kompression der Nervenwurzel

wir prüfen das gegen

Lizenzierter Trainer

Er war immer ein Enthusiast was die Sportwelt angeht — Hans Schmitt

Klar doch ~~ich~~ ich hab auch die Titanic versenkt

Ein kleines Intermezzo von Schmitt gegen K.

Eine sehr kontroverse Diskussion

Der Mann der privat so viel Sorgen hat

Das ganze ist ein Verkettung vieler Fehler

Was nicht in den Akten ist ist nicht in der Welt Verwaltungsgericht

Die Haut ist der Spiegel der Seele Neurothermidis

Soziale Spanungen zwischen reich und arm

Konfuzionismus

Ökonomische Politik

Plötzlich kann passieren das ein völlig unbedarfter Mensch zum Wettbewerber wird

Sie haben ein weiten Bogen gespannt

Action Reaction stehen in einem Krasen Missverhältniss

Ich möchte jetzt nichts unterstellen

Markieren ~~wird~~ wir das auch noch mal

Das ganze Thema ist virulent

Virulent —

Parallelwelt

Ökotrophologe — Ernährungswissenschaftler

Krittik schweisst zusammen

Wenn ich darin gelesen habe dachte ich sie Konstatieren die Situation anders

Das es von der Werbung etwas lanciert wird

Ich mache mir gerade Sorgen um mein Geschlecht

Radikalfeministinen

Bei mir liegt die Latte etwas höher

Beim Bau des Hauses stehen Ökologische Aspekte im Vordergrund

~~Er war ein unendli~~
irreversibel

Heroisch —

Der lächerlichkeit preisgegeben

Das ist sein biologischer Auftrag

Kann ich auch da ein gewisses Verständniss entwickeln

Das hat man mir nur von je her unterstellt

Wir sollten ein paar empirische Fakten zur Kenntiss nehmen

Da gibt es Männer die besondere Akzente setzen

intipentent — unabhängig

Suplinieren — ergänzen

Er sieht umwerfend aus hat format Stil und Esprit

Das ging ja nicht linear

Mittlerweile ist das für mich eine Herzenan gelegenheit geworden

~~Weil~~ du denkst eben nur bis zu deinem Tellerrand

Bitte mich jetzt nicht glorifizieren zu wollen

Ein Hilfsgerät angeschaft einen Porsche

In meinem ganz persönlichen Lebensfilm

Da nützt alles nichts da Kannst du noch so cool aus der Wäsche schauen

Das ist ne Recourse ein potenzial das sehr gewichtig ist

Das Kommt aus der Ursprünglichkeit des Menschen

Mit einer Frau aufs offene Meer der Trunkenheit hinausfahren

Ich lebe weil es sich so ergeben hat und ich versuche diesen Zustand aufrecht zu erhalten

Ich möchte das zurücknehmen diese Behauptung und sie Wahrheitsgetreu wider geben

Sie sind Akademiker?

Schwerpunkt Film und Philosophie

Und war auch ein wenig geschmeichelt

Er gehört zur ersten Kategorie der Top Models

New York Kolumnist

Metro Sexuelle Männer-Haare färben Fingernägel lackieren Augenbrauen zupfen Solarium gebräunt Body stylen

Hier hat man ein bunten Strauss an Männertypen

Eine hoch respektierte Kunst

Er interessiert sich wie man seiner Biographie entnehmen kann für Hunde und Kampfsport

Viele Sachen enstehen unter Druck — Öl Diamanten usw.

Die glückliche Fügung hat mich dann ins Adlon gebracht

Es wurde ja Kollportiert

Vor meiner Verehelichung

Wir müssen uns jetzt voll auf Östereich focus ieren

Einem nüchternen Pragmatismus

Woher wollen sie das wissen

Für ihn wird der Fall zur Obsession

Deshalb haben wir auch die Philosophie

Bildung muss man sich auch leisten Können
Bildung ist ist Voraussetzung für Wohlstand

Wenn da einer nicht motiviert ist der hat den Wecker nicht gehört

Er ist eine wichtige Personalie

Das kann man nicht erwarten das er von jetzt auf nachher umzwitscht

Ich habe ihr eine Präsentation gemacht

Er folgt ganz weltlichen Dingen

Du bist ja ein bischen tröge

Da ist meine Selektion schon sehr gross

Warum unterstellst mir so was hab ich so was behauptet

Der Mann der mit dir ins Bett will ist nur zu faul um es sich selber zu machen

Deine Argumentation hinkt etwas

Lassen sie mich erst meine Frage stellen ~~be~~ bevor sie antworten

Rein hypothetisch – hat er oder hat er nicht

Das Liebesgeblänkel langsam artet langsam in Theatralik aus

Ersparen sie mir ihren Pathos

Anorexie — Magersucht

Ressentiments

Hat er dezitiert dargelegt

Dann ist das ein Schlag ins Gesicht dieses Strafrechtlichen Verfahrens

Das Vorbild humpelt

Sie haben Keinen Einblick in die Dinge

Doktorand

Wo Kommt die Häme her?

Sie haben ein einen bösen hinterhältigen Akzent in ihrer Rede

Ich ärgere mich masslos das auf diesem Aspekt focussiert wird

Das ist ein weiter Bogen den man spannen Kann

Wir müssen die Fahne der Selektion hochhalten

Das war eine Luftnummer

Prostitution wir dürfen Steuern zahlen aber wir werden verachtet — Steffi Klee Berlin Quergefragt 18. 6. 2008

Und auf meinen emphirischen Ermittlungen zu Grunde legen

Sprechen sie mit Kolleginen und bringen sie nicht solche abgedroschene Klischees

Prof Kurt Starke Sexualwissenschaftler

Kognition —

Ein Werteverlust

Feudalismus—

Er hat seine ganz eigene Inter prätation

Soziologe

Wirklichkeit oder Fiktion

ist
Seine Selbstherrlichkeit unerträglich

Wir haben auf sehr hohen Niveau gemeckert

anvanchierte er zum besten Mann

Kommt mal bitte hinter mich mir

~~Kommt~~
Komm setz dich neben mir mich

Sauerstoffschuld

Harro Schmitt

Qualitativ

~~egwiwalent~~ äquivalent

Da ist der Tag wo jeder ganz dekadent sein kann

Vulkanologe

Es ist nicht überliefert ob sie sich nicht getroffen haben

Der Polinen Reiz ist unereicht

Prosperität —

Analysten

The Aryan Brotherhood gefährlichste Gang USA

Bazillus

Golden Glory Gym Amsterdam
Stefan Lego

Von der Prostituierten zur Promovierten

Diese Gebiete im Nahen Osten sind delegiert

Auch da muss Bereitschaft gezeigt werden

Er repräsentiert den Frieden

Eine Dokumentation hat gezeigt

Dieser Report war völlig anders dargestellt

Wir haben Vertrauen geschaffen und Sicherheit produziert

Sein krankes Hirn ist

Indoktrination —

Psychoanalytiker

Ultimativer Powertrip

Das wär ja ein bischen widersinnig

Antikonflickteam

Das muss eine Freundschaft aushalten

Gefährdungszulage

Nur muss man sehn dass das heute keine Relevanz hat

Universitärer Bildung

Er studiert Germanistik Psychologie und Jura

Eine grausame Lüge

Klug schön und reich
Krank arm alt bucklig dumm

Russische Despoten

Diese unterstellung ist wie ein Notausgang für sie finden sie das richtig?

Lopyist

Das ist Forschung und Inovation

Altbauten sind nicht Energie sparend

Demagogie —

Verteidigung

Der Komponist dieses Liedes

Beratungsresisdent

Strukturelle Defizite

Er kennt dergleichen Probleme nicht

Represiv —

Er ist sehr involviert in mein Leben

Das ist weiterhin meine These

Das ist prognostisch sehr wahrscheinlich

Radio Onkologe — Röntgen Krebsartzt

Grossmächtiger

Ich werd ihm eure Werte lehren

Ein zweifelnder Narr

Wie Konntest du einen Klugen Verstand bewahren

Ist das eine neue Anmache?

K. ist längst zum Synonym für Austeiger geworden

Leute mit Bildungsarmut

Sie ist flaterhaft und geschwätzig

und es muss die Komplexität im ganzen zu sehen sein

Wie sieht es denn aus mit der StrahlKraft nach innen

Man hält die unsauberkeit der Welt nicht aus — und wird zum Terrorist will sich damit die Welt wieder schön und gut bomben und schiessen

Ein traumatisches Leben eingerahmt vom Tot

Das ist ja ein Begriff der häufig polemisch verwendet wird

designierte —

Eine Manifestation der weiblichen Göttlichkeit

Die Endeckung des gnostischen Evangeliums

Eine Hörigkeit jenseitz des normalen Verstandes

Der Kollege stellt die These auf

Er ist im absoluten Motivations hoch

Das Siegergen wird transparent

Es Teil eines irrwitzigen Planes

Ja sie Könnten mir verraten warum sie so unfreundlich sind

Ziehst du jetzt wieder dein blasiertes überhebliches Gesicht

Das war völlig überflüssig diese Frage

Nächste Frage bitte

Auch die gewöhnlichen Leute zählen zu den Profitören

Entecker

Wenn uns jemand zuhören würde der Könnte glauben das du einen Streit vom Zaun brechen würdest

Der Konjungtiv ist der Feind des Verlierers

Ich nehme jeden Moment bewusst wahr niemand weiss was in der nächsten Minute passiert

Er redete ihr das Leben schön

Existenz

Diplomierter Phylosoph

Ich liebe den Verrat aber ich hasse den Verräter

Je länger der Igel die Geburt aufschiebt desto stachliger wird sie

Sie Konstatiern daser damals gelogen hatte

Das Buch ist eine Willkommene Munition mit ihm abzurechnen

Das sind begnadete Populisten

Die Frage versteh ich nicht — obwohl kein Fremdwort drin ist

Auf die Nummer lass ich mich erst gar nicht ein

Es gibt so viel Lobbydruck

Die einem Normalpreisigen Segment sich bewegen

Es ist auch albern darüber zu diskutieren

Ich versuche dort eine Aufmerksamkeit zu erzielen

Das halt ich für Kontraproduktiv

Diehat man einfach inne oder nicht

Die Welt ist voller Versuchungen man muss lernen damit zu leben

Die Gene machen sich immer bemerkbar

Ich habe andere Kenntnisse gewonnen

2.7.08.

Das ist nicht viel RS T 555

Der Arzt laviert sich raus

Säkularen —

Da kommen wir nicht zum Konsens

In seinem Katekatorischen Imperativ
Imanuel Kant

Politischer Puplizist

In Indien wird ~~Arjuvede~~ Ayurveda gleich neben der Schulmedizin eingesetzt

Weil es eine Abgestumpftheit gegenüber den Patienten gebe

Es ist ein Transparenter Markt es ist alles offen sichtlich

Umweltignorant

Wir müssen uns von der Illusion lösen

Es verdient Achtung von seinen Motiven

Es gibt Bereiche die sind selektiv zu betrachten

Eher eine humoristische Anmerkung

Fragmente erneut als Bausteine dienen, oder soll ein möglicher Sinn darin aus hygienischen Gründen für seine Seele immerfort neu und anders Konstruiert werden? Oder ist Schmitt einfach nur sKeptisch? Ist es eine blosse MerKwürdigKeit, Sprache auf seine Weise zu deKonstruieren?

Für Till Velten als Künstler stechen die Notizbücher von Hans Schmitt in ihrer Abstrahierung von der eigenen Biografie heraus und erinnern ihn darin an die Arbeit der Künstlerin Hanne Darboven. Die formalen Analogien sind schwach, und es gibt bei Schmitt auch Keine methodischen Liniennotationen und Kalenderjahrzuordnungen, trotzdem wird in beiden Fällen ein Bedeutungshimmel im Betrachterauge über den Notaten aufgehen, gerade in der unausweichlichen Wucht der unübersichtlichen Menge und in der gleichzeitigen übergreifenden Gebundenheit. Nie Käme Schmitt seinerseits auf die Idee, sich oder seine Gewissensarbeit mit einem Künstlerischen Schaffen zu vergleichen, nichtsdestoweniger lassen sich nach der Wahrnehmung von Darbovens ausgearbeiteten Codes

and their possible meaning are supposed to breathe freely, to stand for themselves, to cool down. Nor is there a bias in them, or a trace of criticism. Rather, the sense of writing these down is questioning them without a purpose: Can these fragments serve as building blocKs / elements, or is the possible meaning in them constantly to be constructed anew and differently for his soul for hygienic reasons? Or: Is Schmitt just very sceptical? Is it a mere oddity to fragmentize language in this manner?

For artist Till Velten, Schmitt's notebooKs stand out in their abstraction from his own biography and remind him of the worK of artist Hanne Darboven. The formal analogies are slight, however, and in Schmitt's notes there are no methodically executed lines and attributions to years, yet in both cases a vast arch of meanings arises over these notes in the eye of the beholder, particularly in the inescapable onslaught of the sheer mass of notes – which are yet comprehensively connected at the same time. Never would it occur to Schmitt to compare himself or his conscientious worK to the work of an artist, nonetheless – after having perceived Darboven's elaborate codes – his puzzling notes can be understood

seine rätselhaften Kladden bereitwilliger anschauen. Aus meiner Sicht sind für Velten mit der möglichen Analogie zwischen Darboven und Schmitt strukturelle, anthropologische Fragen wichtiger als psychologische und umstandsbezogene Mutmassungen. Kunst würdigt das Rätsel Mensch in der perspektivischen Ganzheit der einzelnen Phänomene. Velten eröffnet innerhalb seines eigenen Werks im möglichen Bezug zu Hanne Darboven einen Leseversuch, die Ordnung der Welt strukturell zu versuchen, bei gleichzeitiger Verschmelzung von sogenannter High- und Low-Culture. – Veltens eigene ungeheure, fortgesetzte, bisher unveröffentlichte Schreibarbeit steht vielleicht auch in Bezug zu seinem «Erwachsenwerden» in der Klasse von Gerhard Richter und dann von Fritz Schwegler als strengem Lehrer, der selbst auch unzählige, dubiose Bücher produzierte und dann der «Befreier» von all den festgefahrenen Kunstbildern für Velten wurde.

«Ich unterstelle ein Ich im anderen, will sagen, ein unveräußerliches ‹Etwas›, das ich zunächst im Blick der Augen des anderen erkenne, in seinem unverwechselbaren Gang … Ich nehme den anderen so,

more easily. In my eyes, for Velten structural, anthropological questions are more important than psychological approaches which are related to the circumstances of the individual. His art appreciates the mystery of humanity in the perspectival comprehensiveness of individual phenomena. Within his own oeuvre and establishing a relationship to Darboven's work, Velten starts up a reading of a structural understanding the world, at the same time blending so-called high and low culture. Velten's own immense, continuous, and hence unpublished written works may be seen in relation to his "socialization" as an artist in Gerhard Richter's class and later also Fritz Schwegler's – a strict teacher's – class, who produced countless dubious books himself and then became Velten's "liberator" from quite a few different gridlocked images of art.

"I assume an 'I' in the other, that is to say, an unalienable 'something' that I recognize at first in the look of the other's eyes, in his unmistakable gait … I perceive the other in such a way as I try to

4 Jelle van der Meulen, *Herzwerk. Über die Lüge, den Abgrund und die Liebe,* Stuttgart 2006, S./pp. 191f. (trans.)

wie ich mich selbst zu nehmen versuche – als ‹heiliges Rätsel›, das schon wahr und gut ist im Ringen um das Sein. Ich unterstelle, dass im anderen etwas lebt, das nur zur Erscheinung kommt, wenn der Weg der ‹herzlichen Verwirrung› beschritten wird.»[4]

Till Velten lässt sich anstossen durch die ungeklärte «Schreibarbeit» von Hans Schmitt. Ebenso steigert der Künstler sein Staunen über die rätselhaften mathematischen Exkurse von Schmitt wie dessen Verbindung des Alltagskulturmediums Fernsehen mit tiefen esoterischen Abhandlungen und seiner Verdichtung. In der Kunst geht es gerade um das Persönliche, denn das berührt das Persönliche im Künstler wie im Publikum. Das Persönliche macht den Standpunkt aus, auf dem wir Menschen unsere Würde voreinander aufzurichten versuchen. Von hier aus kann erst eine heilvolle Verbindung untereinander zustande kommen. Till Veltens eigene künstlerische Dramatisierung öffnet den «Herzraum», der die Betrachter im Spiegel des Kunstwerks an der Rätselhaftigkeit des menschlichen Wollens teilhaben lässt. Im besten Fall macht die Kunst das zu etwas Selbstverständlichem. Das wäre ihr «Schönheitssinn».

take myself – as a 'holy mystery', that is yet true and good in the struggle for being. I assume that there is something in the other that only comes into being if the path of 'heartfelt confusion' is trodden."[4]

Till Velten draws inspiration from Hans Schmitt's open and unexplained "writing work". In the same way, with continued focus the artist's astonishment intensifies at Schmitt's puzzling mathematical digressions, for example his connection of television as a medium of everyday culture with profound esoteric treatises. Art deals with the very personal, because this touches upon the personal in the artist as well as the audience. The personal makes up the standpoint from which we humans try to stand upright in dignity in front of each other. Only in this way can a salutary connection between us be established. Velten's own dramatic staging opens up a "heart space" which gives the beholder space – in the mirror of the artwork – to participate in the mysteriousness of human intention. In the best case art makes this something self-evident.

5 Angelus Silesius, *Cherubinischer Wandersmann* (vollst. Ausgabe 1675), Frankfurt a. M. 1979, darin: *Ohne warum,* S. 53 / Angelus Silesius epigrams, translated by Michael R. Burch: http://www.thehypertexts.com/Angelus%20Silesius%20English%20Translations%20of%20German%20Poetry.htm

«Die Ros ist ohn Warum.
Sie blühet, weil sie blühet.
Sie acht't nicht ihrer selbst,
fragt nicht, ob man sie siehet.»[5]

Die Unsicherheit über das «Wie» macht den Künstlerischen Wahrnehmungsprozess möglich. Gerade durch diese Augen schauend, können wir unsere Wahrnehmungen der Welt neu betrachten. Das Wahrnehmen der Wahrnehmungen ermöglicht den Empfang des Konstituierenden Begriffs, das Hören dessen, worin das Begreifen der Schönheit und ihrer möglichen Beschreibung wurzelt: Was ist es, das das wollte? Wie ist es das, was es ist? Das sind Grundlagenfragen des Künstlerischen Produzierens wie auch Intentionen des aufmerksamen Sprechens.

Wir brauchen für unsere Schöpfung einen Hörsinn und einen Sprechsinn. Verkleben das Hören und das Sprechen miteinander, nützt uns weder das eine noch das andere etwas. Ohne das unsicher ahnende Bewusstsein, dass die Wahrnehmung, die Worte allein schon etwas mit mir machen, komme ich weder in

Then that is art's "sense of beauty".

"The rose merely blossoms
and never asks why:
heedless of her beauty,
careless of every eye."[5]

The insecurity over the "how" makes the process of artistic perception possible. Looking through these very eyes, we can regard our perceptions of the world in new ways. Perceiving perceptions provides space for a constitutive term, for hearing where a realization of beauty and its possible description are rooted: What is it actually that aimed at creating this? How is it that which it is? These are basic questions of artistic production as well as intentions of attentive speaking.

For our artistic creativity we need a sense of hearing and a sense of speaking. If these two are agglutinated, neither the one nor the other is of any use to us. Without the vague awareness that perception, that words by themselves already have an impact on me, I will neither gain a vivid connection back to my original impulse nor get into a creative flow.

einen lebendigen Rückbezug auf meinen möglichen Ursprungsimpuls noch in einen Kreativen Fluss. Ich muss versuchen, die Worte quasi für einen Augenblick ruhig vor meinem Inneren stehen zu lassen. Zur menschlichen Gegenwärtigkeit gehört bis zu einem gewissen Mass das Trennen dieser beiden Sinne voneinander, zur wachsenden Erkenntnisfähigkeit, zur Eigenwahrnehmung, die hier und jetzt von dort und vorher differenzieren kann. Erst das geschiedene Hören und Sprechen erlaubt, quasi von aussen, die beiden im Denken wieder aufeinander beziehen zu können. Das Unterbrechen von Gewohnheit und Wissen ist notwendig. Sollte das Hören und das Sprechen allzu fest verbunden sein, hören wir nur mehr uns selbst und wiederholen in unserem Sprechen, was wir schon zu wissen glauben. Eine Kommunion, eine Gemeinschaft mit Neuem und im Neuen kann also erst im Durchlauf der Getrenntheit stattfinden. – Eine Konzeption ohne vorherige tatsächliche Unterscheidung ist kaum sinnvoll. Zwei Keimzellen leben ihre evolutionäre Revolution in der grundsätzlichen Kraft der Verschiedenheit der beiden Ursprünge und werden dann in der

I must try to let the words dwell for a moment within me. Presence as one human feature contains the separation of these two senses, that means a growing capacity to recognize, to perceive oneself, which can differentiate the here and now from the there and before. Only separate hearing and speaking enables the two, from the outside, as it were, to relate to each other again in our mind. This requires an interruption of habit and knowledge. Should hearing and speaking be overly connected, we hear only ourselves and repeat ourselves in speaking – speaking what we already believe we know. A communion, a community of old and new can only take place after a clear separation of the two has happened. A conception without previous actual distinction hardly makes sense. Two germ cells live their evolutionary revolution in the fundamental power of disparity of their two origins and then become successful in the merging as conception, in the effect of pregnancy and birth of a new, a third. Often enough that may fail; that is why we

Verschmelzung als Empfängnis zum Erfolg, in der AuswirKung von Schwangerschaft und Geburt des Neuen, des Dritten. Oft genug mag das scheitern, daher sprechen wir im Fall der Geburt staunend ehrfürchtig von einem GeschenK oder Wunder.

«Wir sind da im KonjunKtiv», «Ich habe mehrere Optionen», «Sag das nicht vor meinen Ohren». Die Schmittschen Aussagen und die EindringlichKeit steigern sich nicht in ihrer möglichen Bedeutung. Sie liegen frei und brach zugleich als Zeilen vor meinem Auge. Trotzdem bin ich geneigt, seine HinweisKetten in meine TextlogiK einzubauen, doch sie brechen aus dem vorgegebenen Eigenstreben der auf Vervollständigung ausgerichteten Sprache aus. Das scheint, neben der trennenden Vergewisserung, die zweite AuswirKung seiner Repetitionsübungen zu sein: Befreiung aus dem Korsett der Totalität und der Versuch einer Bewertungsenthaltung in der ÄusserlichKeit der Worte. Hier zeigt sich ein Mensch beeindrucKbar und gleichzeitig bereit, diese Eindrücke auch wieder vor sich auszubreiten zur selbstbestimmten Betrachtung. «Die schönste LeKtion der LebensKunst», «Aber da bestätigt sich wieder ein-

talK of birth with amazement and reverence as a gift or miracle.

"It is the subjunctive we're using now", "I have different options", "Don't say that in front of me". Schmitt's statements and their poignancy do not intensify in their possible meaning. Being just lines, they are bare and free in front of my eyes. Still I am inclined to include Schmitt's chains of hints into the logical connections of my text, yet the lines breaK out of the inherent striving of language to reach completion. That seems to be, besides the reassurance through separation, the second effect of his exercises in repetition: liberation from the corset of totality and the attempt to avoid a bias in the very phrasing of the words. Here man is impressionable and at the same time ready to spread out these impressions in front of him for independent consideration. "The most beautiful lesson in the art of living", "Yet here the cliché is again beautifully confirmed", "I am facing financial ruin", "There is something ambivalent about it", "There is a certain level to it", "And now is the situation is one".

6 Novalis, *Schriften. Die Werke Friedrich von Hardenbergs,* hg. von Paul Kluckhorn und Richard Samuel, 4 Bände, Band 2: *Das philosophische Werk I,* hg. von Richard Samuel in Zusammenarbeit mit Hans-Joachim Mähl und Gerhard Schulz, Stuttgart 1965, S. 672–673 / Novalis, *Monologue* (1798), trans. Joyce Crick: http://www.waggish.org/2012/novalis-monologue/

7 Hans Bonnet, *Lexikon der ägyptischen Religionsgeschichte,* 3. unveränderte Auflage / 3rd unrevised edition, Hamburg 2000

mal das Klischee», «Ich stehe vor dem Finanzkollaps», «Das hat auch etwas Zwiespältiges», «Das hat ein gewisses Level», «Und jetzt ist die Situation, welche».

«Es ist eigentlich um das Sprechen und Schreiben eine närrische Sache; das rechte Gespräch ist ein bloßes Wortspiel. Der lächerliche Irrthum ist nur zu bewundern, daß die Leute meinen – sie sprächen um der Dinge willen. Gerade das Eigenthümliche der Sprache, daß sie sich blos um sich selbst bekümmert, weiß Keiner. Darum ist sie ein so wunderbares und fruchtbares Geheimniß – daß wenn einer blos spricht, um zu sprechen, er gerade die herrlichsten, originellsten Wahrheiten ausspricht. Will er aber von etwas Bestimmtem sprechen, so läßt ihn die launige Sprache das lächerlichste und verkehrteste Zeug sagen.»[6]

Der Apostel Johannes nimmt wohl die altägyptische (memphitische) Schöpfungsgeschichte auf, wenn er den Anfang im Logos erkennt. Die Schöpfung aus dem Wort und aus der Rede liegt dort beim Bildnergott Ptah. «Ptah» heisst «Bildner», von dem alles ausgeht. Er sprach die aus dem Herzen gebildeten Gedanken aus und schuf so das Universum und die Welt.[7] Wie bei Platon

"Speaking and writing is a crazy state of affairs really; true conversation is just a game with words. It is amazing, the absurd error people make of imagining they are speaking for the sake of things; no one knows the essential thing about language, that it is concerned only with itself. That is why it is such a marvellous and fruitful mystery – for if someone merely speaks for the sake of speaking, he utters the most splendid, original truths. But if he wants to talk about something definite, the whims of language make him say the most ridiculous false stuff."[6]

Evangelist St. John probably takes up an Ancient Egyptian creation myth when he recognizes logos as the beginning. Creation from word and from speech in the Egyptian myth originates from the god of craftsmen, Ptah. "Ptah" means "creator", the one from whom everything comes into existence. He pronounced the thoughts that formed in his heart and thus created the universe and the world.[7] As in Plato, the archaic image of things instantly generates

erzeugt das Urbild der Dinge sogleich den Begriff. «Herz und Zunge», Erkenntnis und Sprache verbinden sich zu Schöpfungsprinzipien. In einer Theologie des Herzens realisiert die Zunge, was das Herz ersonnen hat.

In einem der Ringbücher von Hans Schmitt habe ich mitten zwischen all den Zeilen einen Eintrag mit der Datumsbezeichnung «7.9.2014» entdeckt. Diesem sachlichen Eintrag folgt: «28 Bilder zu treuen Händen Herrn Velten überlassen, zusätzlich 2 Ringbücher meiner Aphorismen.» Darunter die Quittierung der Entgegennahme durch die Unterschrift von «Till N. Velten». Allein in dieser schriftlich festgehaltenen Absprache bricht die Alltagswelt der Worte in die Aufzeichnungen und macht daran umgekehrt deutlich, wie jenseitig die eigentlichen Eintragungen schimmern.

the notion. "Heart and tongue", Knowledge and speech combine as principles of creation. In a theology of the heart, the tongue realizes what the heart has conceived.

In one of Schmitt's notebooks I discover – in-between all those lines – an entry dated 7 September, 2014. This objective entry is followed by "28 pictures entrusted to Mr. Velten, plus two spiral notebooks of my aphorisms." Underneath, receipt of these items is confirmed by the signature of "Till N. Velten". Only in this agreement documented in writing does the everyday world of words break into these notes and conversely clearly show how the actual entries shimmer from a world beyond.

Translated by Markus Thomas and Jeremy Gaines

Fire Stones

Laurence A. Rickels
Fire Stones / Feuersteine

In 2003 Till Velten fixed the focus of his art production on the words of Fritz Schmidlin, a collector of jasper and of quartz-bright stones. By then Schmidlin had installed his collection as a private museum in his hometown of Hach, where visitors can pay to visit under his guidance. Reminiscent of display cases in natural history museums, the collection is assembled as a wraparound landscape behind glass, a fantasy landscape or at least a double one, which Schmidlin in the guise of tour guide illuminates in parts or strata through lighting effects he controls. In the immediate foreground are stones in shapes reminiscent of cartoon icons to occupy the attention of children in the visiting group. While the collection serves the purpose of show-and-tell instruction, Schmidlin is also a researcher in the field of his hobby collecting. His revisionary theories concerning the age and conditions of origin of his beloved jasper are recorded in books available in the gift shop. Out of the collecting of stones, which commenced for him at age four, authorship with a "moral" purpose emerged.

In the course of his exchange with Velten, Schmidlin conjures his unique ability to grasp the time or timelessness of stone:

Im Jahre 2003 standen im Zentrum von Till Veltens Kunst Worte von Fritz Schmidlin, einem Sammler von Jaspis und ähnlich quarzhellen Mineralien. Damals eröffnete Schmidlin eine Mineralien-Galerie in seinem Heimatort Hach, zu der Besucher unter seiner Führung Zutritt haben. Die Steine sind in Ausstellungsvitrinen zu panoramaartigen Landschaften angeordnet, ähnlich jenen in Naturkundemuseen. Im Laufe einer Führung bringt der Sammler die imaginären Landschaften mit Hilfe spezieller Lichtstrahlen zum Leuchten, zeigt gewissermassen auf Knopfdruck ihr zweites Gesicht. Um die Aufmerksamkeit von Kindern und jugendlichen Besuchern zu fesseln, sind in vorderster Reihe Mineralien ausgestellt, die in ihrer Gestalt an Cartoonfiguren erinnern. Die private Präsentation und persönliche Einführung erwecken Interesse an den Objekten und dem Thema, im Stil von «Show and Tell». Daneben betätigt sich Schmidlin auch als fachkundiger Hobby-Forscher. Seine Theorien revidieren bisherige Erkenntnisse zu Alter

like no one else he is able to reach back in family history all the way through ancestral history until he has gained the momentum to leap across aeons of prehistorical time and arrive at the age of stone. But first Schmidlin gives a history of his own development, which is highly suggestive: enigmatic illnesses, which, if not outright hysterical in character, at least included a psychosomatic component, a job history that seems more than diverse, even turbulent. A job history is always an encoded account of the job applicant's adolescence, the developmental phase in which one's first job, like one's first date, marks the onset of fulfilment of the promise given in childhood. In Schmidlin's case, adolescence and youth do not contribute to a recognizable *Bildungsroman* in which his childhood fascination with jasper undergoes realization. Instead it seems that it was a fantasy arc of wish fulfilment that jump-cut through the narcissism of chaos that was his life "in between" to the safe harbour of Schmidlin's stone collecting, instruction, and research in adulthood.

In 2005, Velten's fascination with the collector of jasper led to *HACH1*, in which he resituated the Schmidlin conversation

und Entstehungsgeschichte des geliebten Jaspis und sind in Büchern nachzulesen, die unter anderem im Geschenkeladen erhältlich sind. Der Sammler von Steinen ab dem vierten Lebensjahr entwickelte sich also zum Fachautor mit «moralischer» Zielsetzung.

Im Verlauf seines Austausches mit Velten offenbarte Schmidlin seine einzigartige Fähigkeit, die steinerne Zeit und Zeitlosigkeit zu erfassen: Wie kaum ein anderer kann er, ausgehend von der privaten Geschichte, alles bis zur Urgeschichte aufrollen und mit Schwung Äonen prähistorischer Epochen überspringen, um im Zeitalter des Steines zu landen. Zuerst jedoch erzählt er sehr beeindruckend über seine eigene Entwicklung: Dabei erfährt man von rätselhaften Krankheiten mit psychosomatischer Komponente, wenn auch ohne eindeutig hysterische Ursache. Sie lassen eine Berufsbiografie entstehen, die als sehr vielfältig, sogar turbulent bezeichnet werden kann. Eine Berufsbiografie berichtet immer verschlüsselt über die Adoleszenz eines Bewerbers,

piece alongside interviews with three other members of the community. The audio exhibits were two-seater listening niches in an installation structure that featured visual material, including a photograph of a large segment of the stone landscape aglow in Schmidlin's museum. This project was subtitled *The Polygraph*, but if there were lies to be detected they would have to be as big as the lie of the land. As collector of conversation and installer of works of language, Velten was drawn to go far with his interview with Schmidlin. But he ran up against the obscurity of a crypt.

When Adalbert Stifter set in the centre of his collection *Bunte Steine (Multi-Colored Stones)* the story "Tourmaline" (the quintessential multi-coloured stone), which he polished and rasped the longest of the stories or stones in his collection to bring it all to a point, he found that his eventual delivery of the story involved his giving up its purpose as lost. In "Burn Name Burn," the sixth chapter of my book *Aberrations of Mourning*, I identified an encrypted secret in the corpus of Adalbert Stifter, which involved the age of Stifter's mother when, already pregnant with Adalbert, it was

eine Entwicklungsphase, in der die erste Aufgabe, wie das erste Date, den Auftakt zur Erfüllung eines Versprechens kennzeichnet, das in der Kindheit gegeben wurde. In Schmidlins Fall tragen Jugend und Adoleszenz nicht ein Jota bei zu einem erkennbaren Bildungsroman, in dem seine kindliche Faszination für Jaspis eine Umsetzung erfahren könnte. Stattdessen hat es den Anschein, als hätte der phantastische Bogen der Wunscherfüllung das narzisstische Chaos seines Lebens durchbrochen und ihn in den sicheren Hafen des Sammelns, Vermittelns und erfahrenen Erforschens von Mineralien geführt.

Aus Veltens Faszination für den Jaspissammler entsteht 2005 *HACH1. Der Polygraph.* In dieser Installation ist das Gespräch mit Schmidlin neu verortet, an der Seite von Interviews mit drei weiteren Mitgliedern der Gemeinschaft, in Hörstationen jeweils zweisitziger Nischen und mit Bildmaterial, darunter die Fotografie einer grossen, glühenden Steinlandschaft aus der Mineralien-Galerie. Dabei geht es nicht ums Aufdecken von Lügen,

1 Einige Kapitel aus *Aberrations of Mourning* sind in deutscher Übersetzung bei Passagen Verlag erschienen: *Der unbetrauerbare Tod* (1989) und *Die Unterwelt der Psychoanalyse* (2014).

decided or determined that she and the father would marry. The number twenty compulsively recurs in Stifter's worKs. It seems over and again to be the first figure that regularly comes to his mind. In "zwanzig" (twenty) there is a resonance with "zwang sich" (forcing oneself), liKe she forced herself to marry at age twenty. This crisis-bound and -binding decision was encrypted in Stifter's relationship to his patronymic and signature, the fulcrum of his urge to write and publish. In his ego, however, within, that is, the projection of his body, another crypt transmitted from the author's prehistory via the bond with his mother. This crypt transmission, which in his autobiographical fragment "My Life" (Mein Leben) he calls, one year before his suicide, "maKing Schwarzbach," concerns his other art, painting, the delegation of what Walter Benjamin identified as the *Mal* in contradistinction to the *Zeichen*. In contrast to the calculated imprinting of signs, marKs emerge corporeally, uncontrollably, liKe the blushing of shame, liKe the birth marK. Composed with purpose in public space the marK places a full stop in the landscape: *Grabmal, DenKmal, Mahnmal* (tomb stone,

wie der Untertitel des ProjeKts vermuten lässt, sondern um Trugbilder, Bilder im Kopf, wie etwa die steinerne Landschaft. Als Sammler von Gesprächen und Gestalter von SprachwerKen liess sich Velten bei seinem Interview mit Schmidlin verleiten, recht weit zu gehen. Allerdings lief er direKt in das schummrige Licht einer Krypta.

Als Adalbert Stifter die Erzählung *Turmalin* (die Quintessenz eines vielfarbigen Steins) in die Mitte seiner Sammlung *Bunte Steine* (1852) stellte – an ihr schliff und feilte er am längsten –, entdecKte er, dass in der schlussendlichen Ausarbeitung der Geschichte seine ursprüngliche Zielsetzung verloren gegangen war. In *Burn Name Burn (Brenn Name Brenn),* dem sechsten Kapitel meines Buches *Aberrations of Mourning (Abirrungen des Trauerns)* (1988),[1] zeige ich ein verborgen gebliebenes Geheimnis im WerK von Stifter auf. Es betrifft das Alter von Stifters Mutter, als diese die Entscheidung traf, den Vater, mit dessen Kind sie bereits schwanger war, zu heiraten. Die Zahl zwanzig taucht zwanghaft

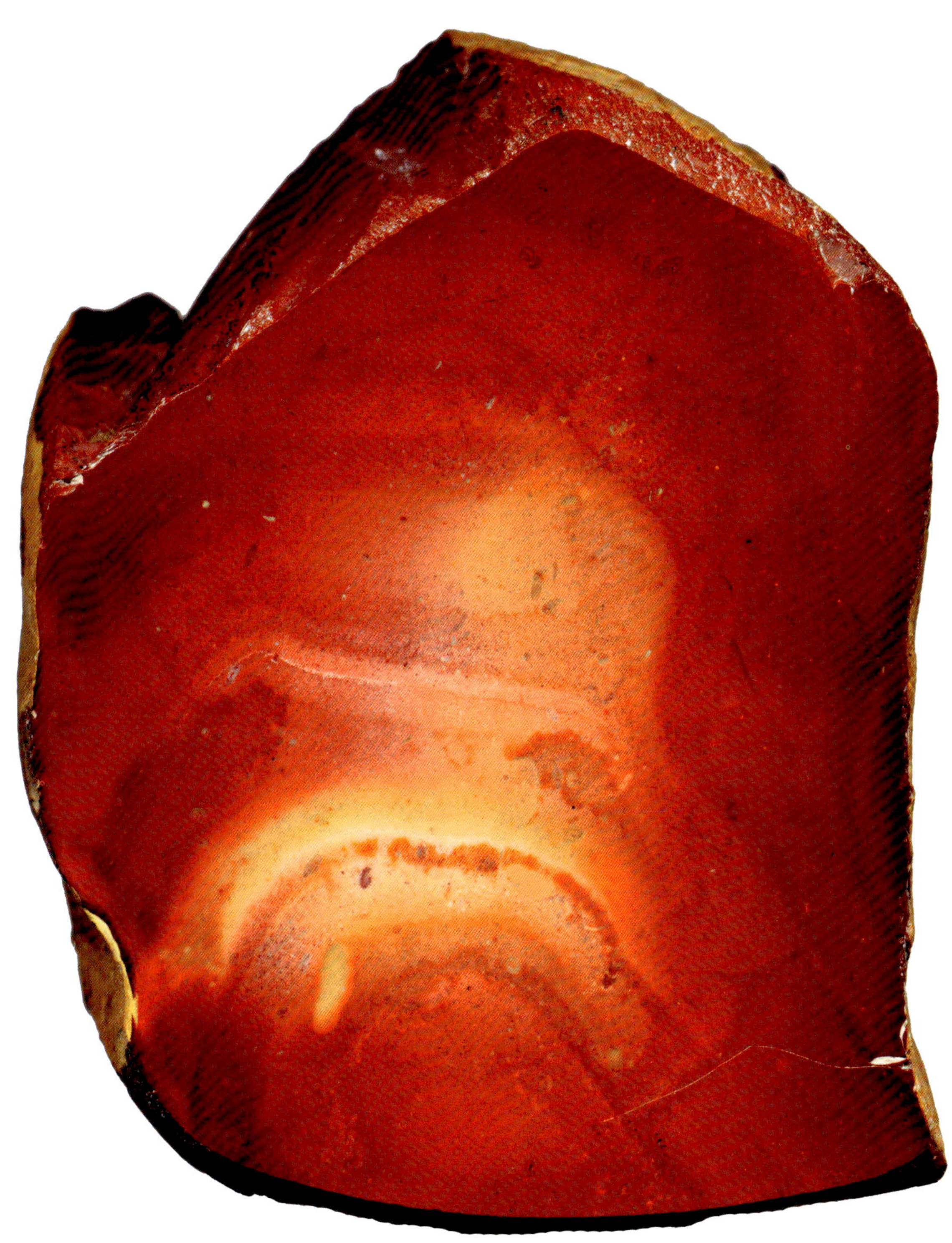

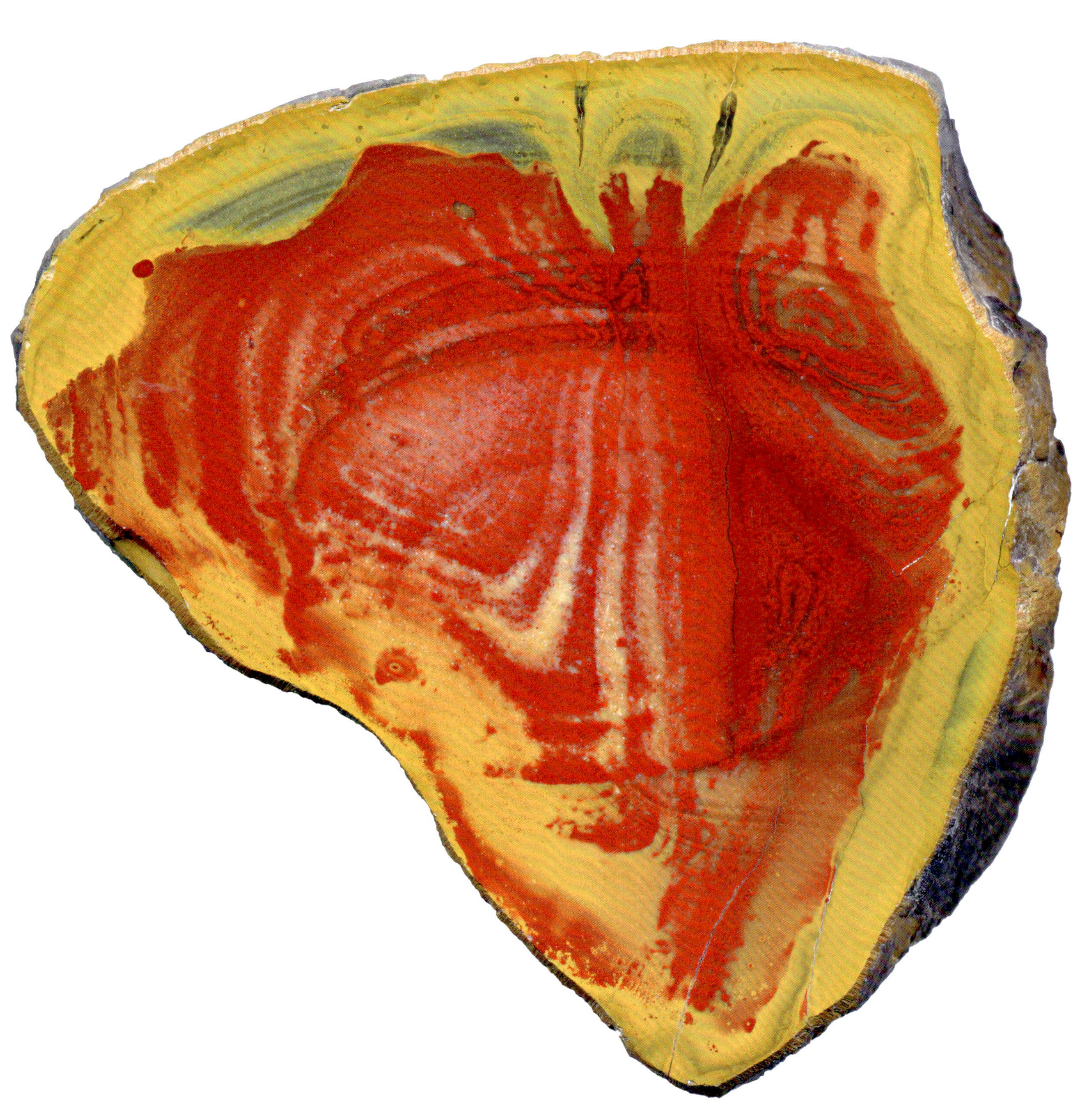

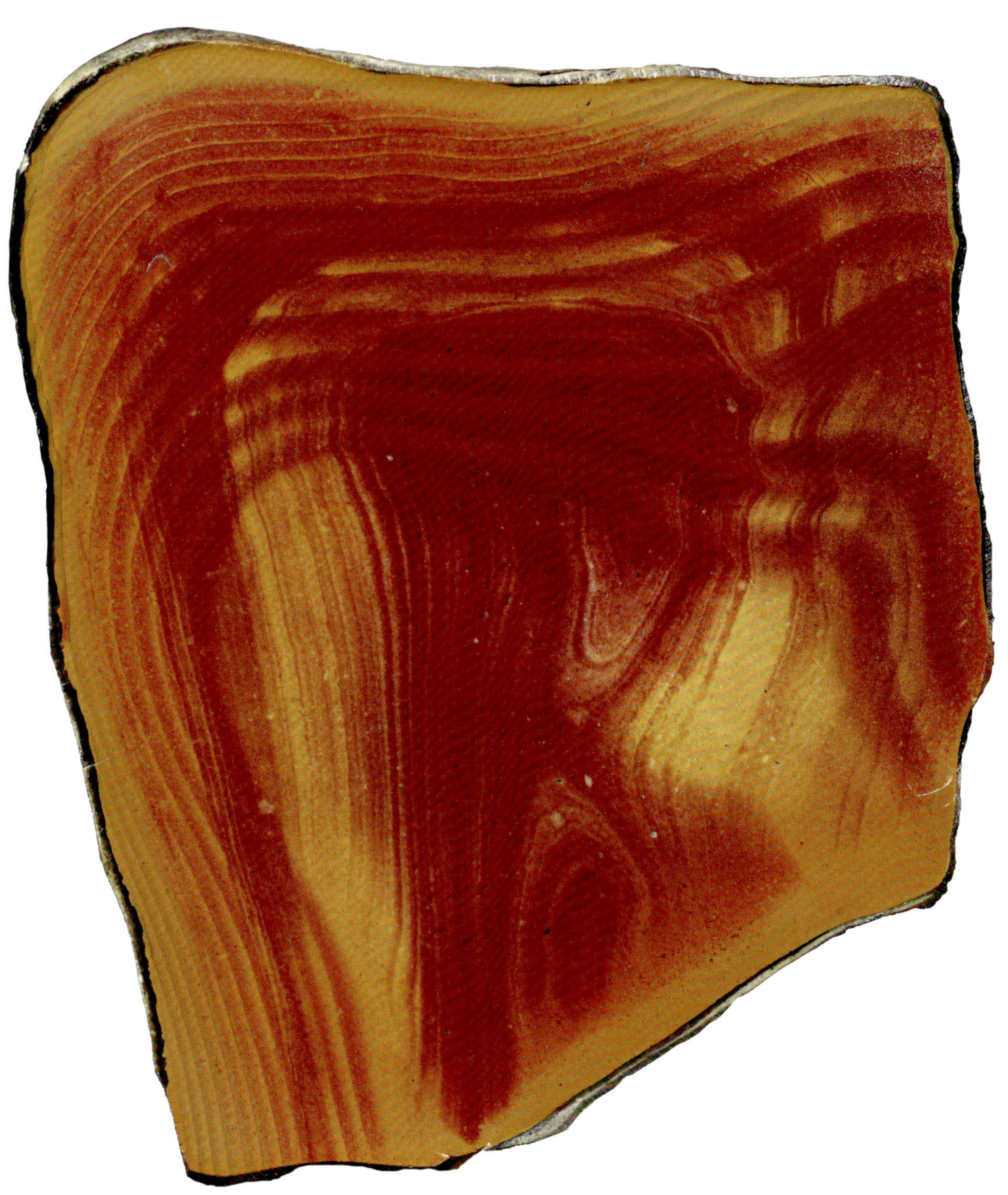

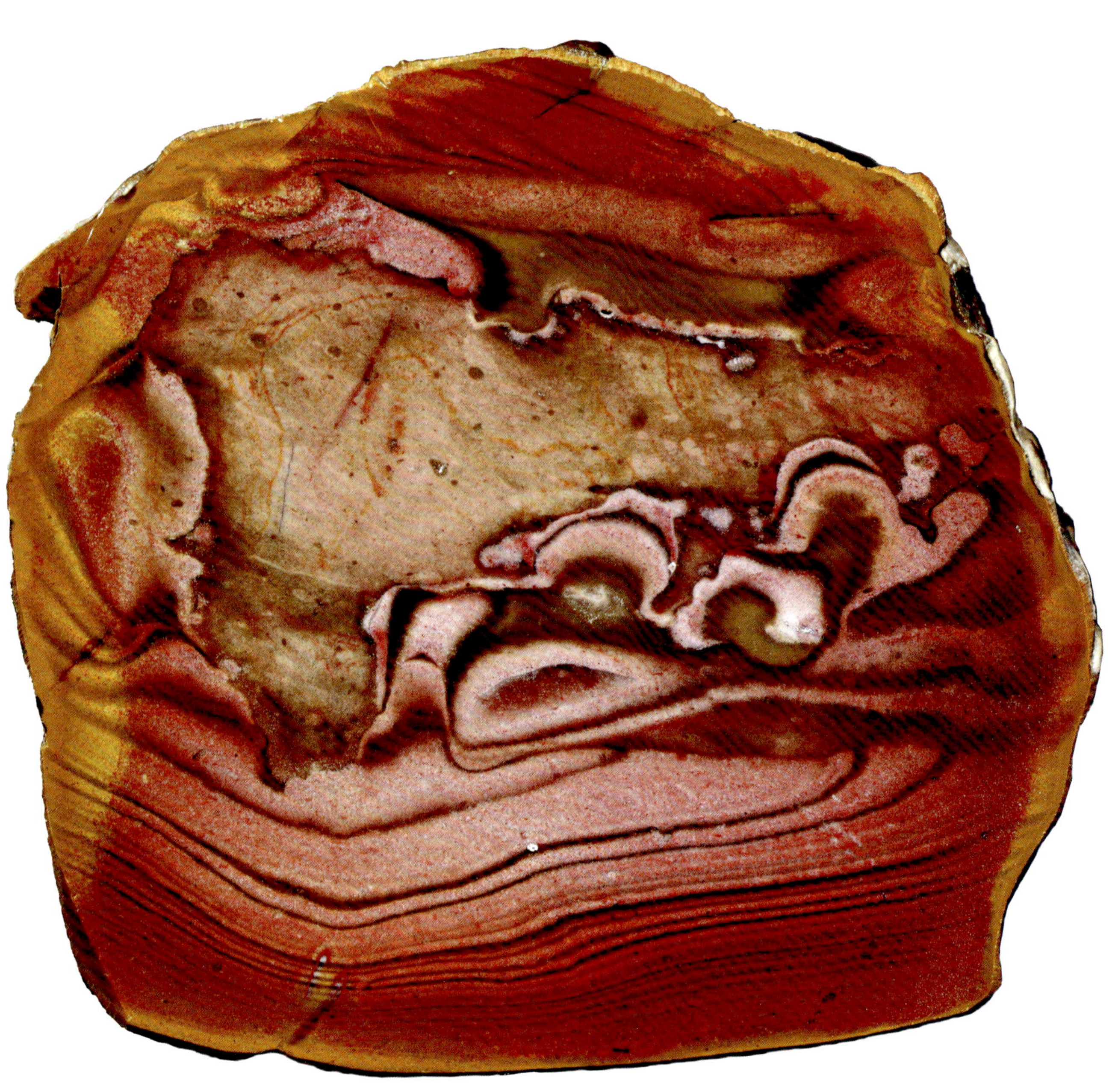

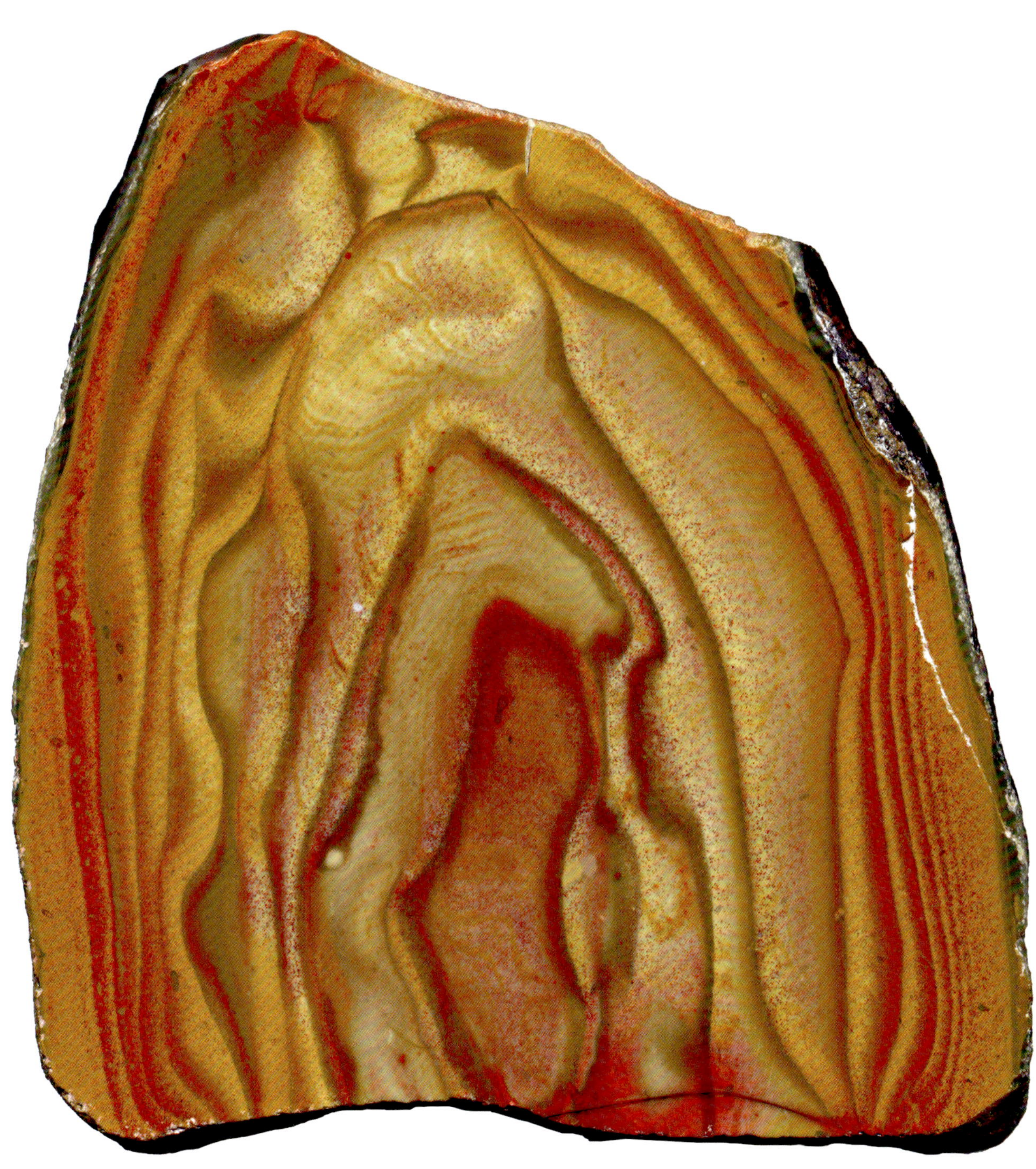

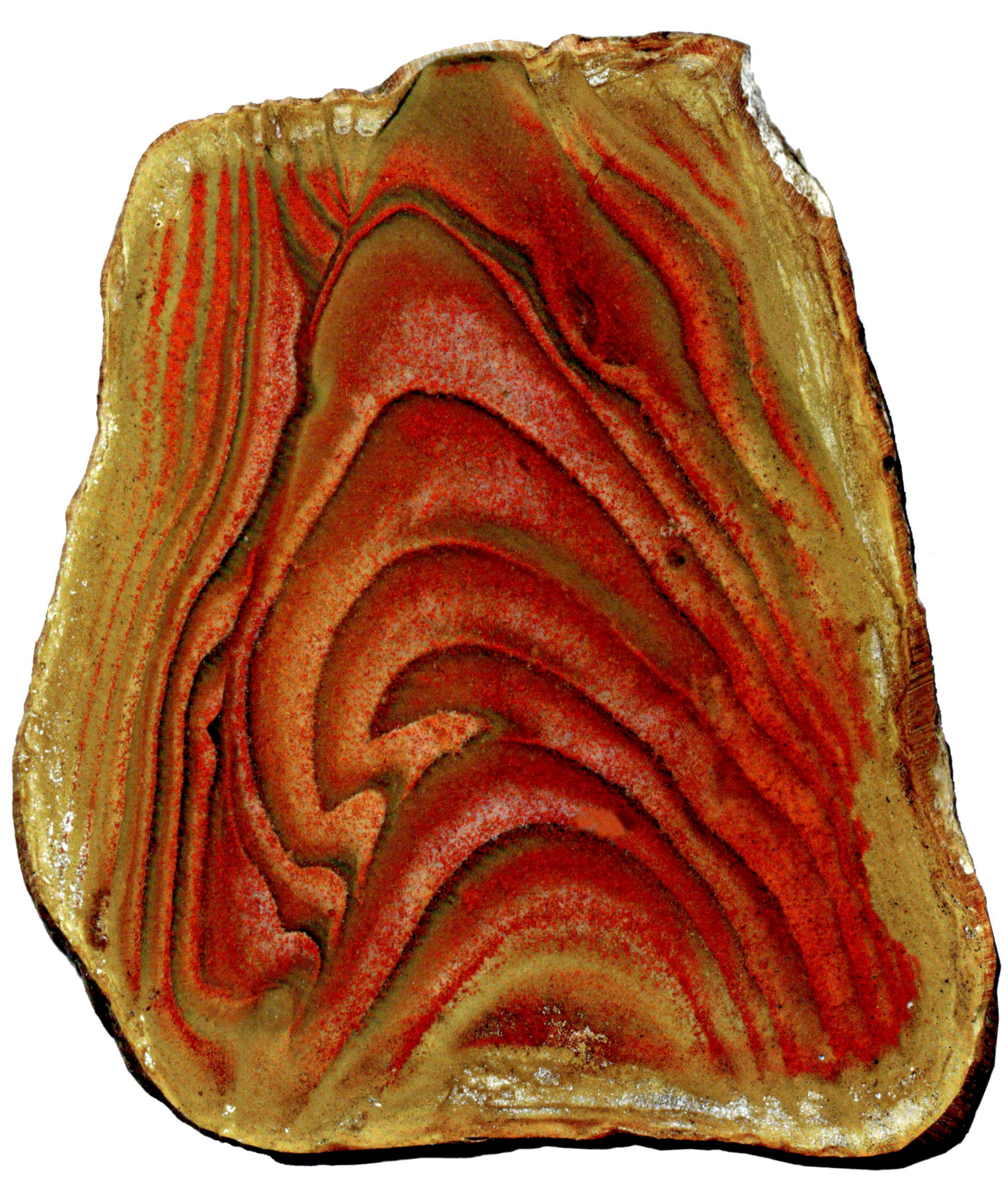

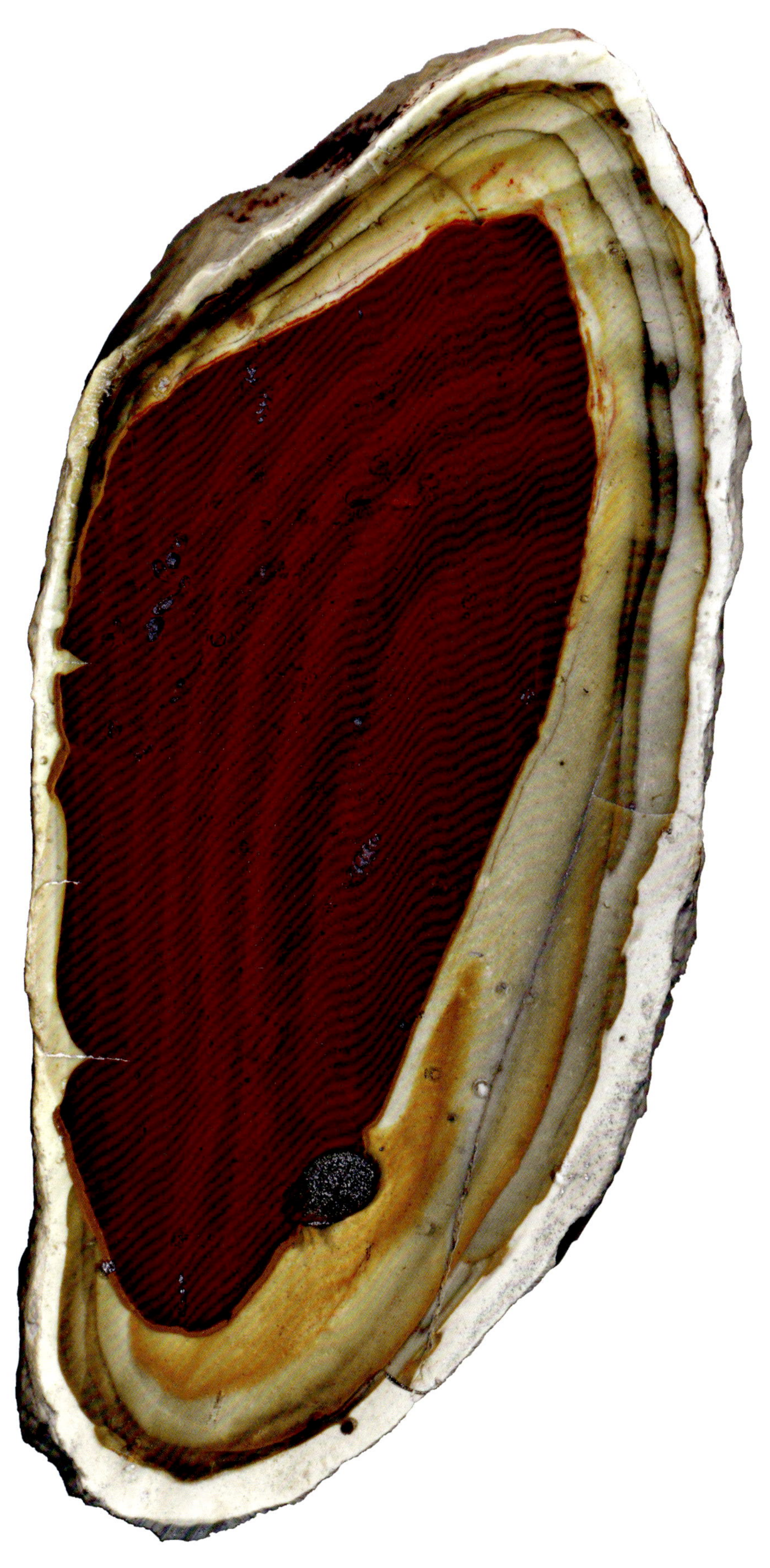

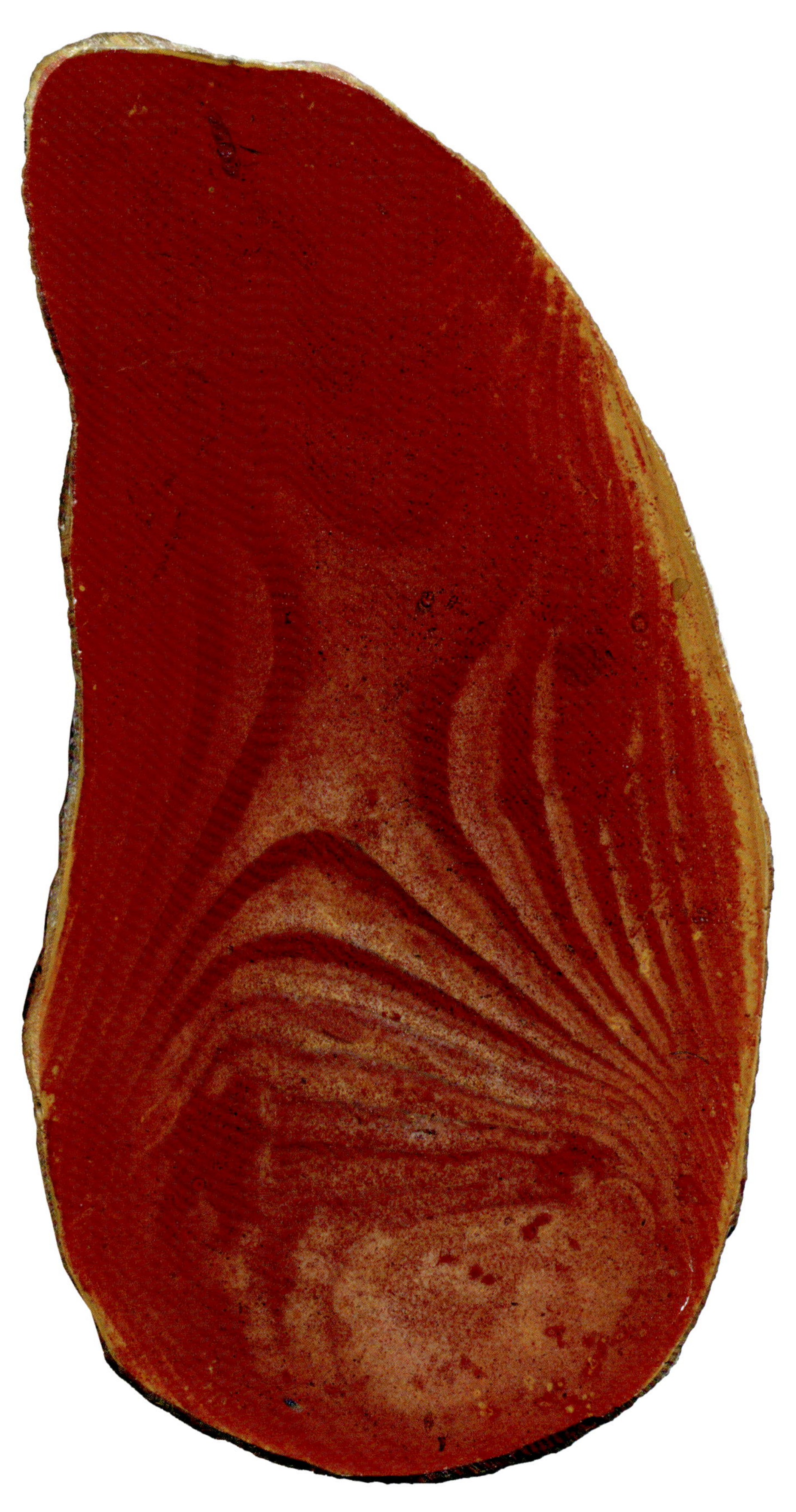

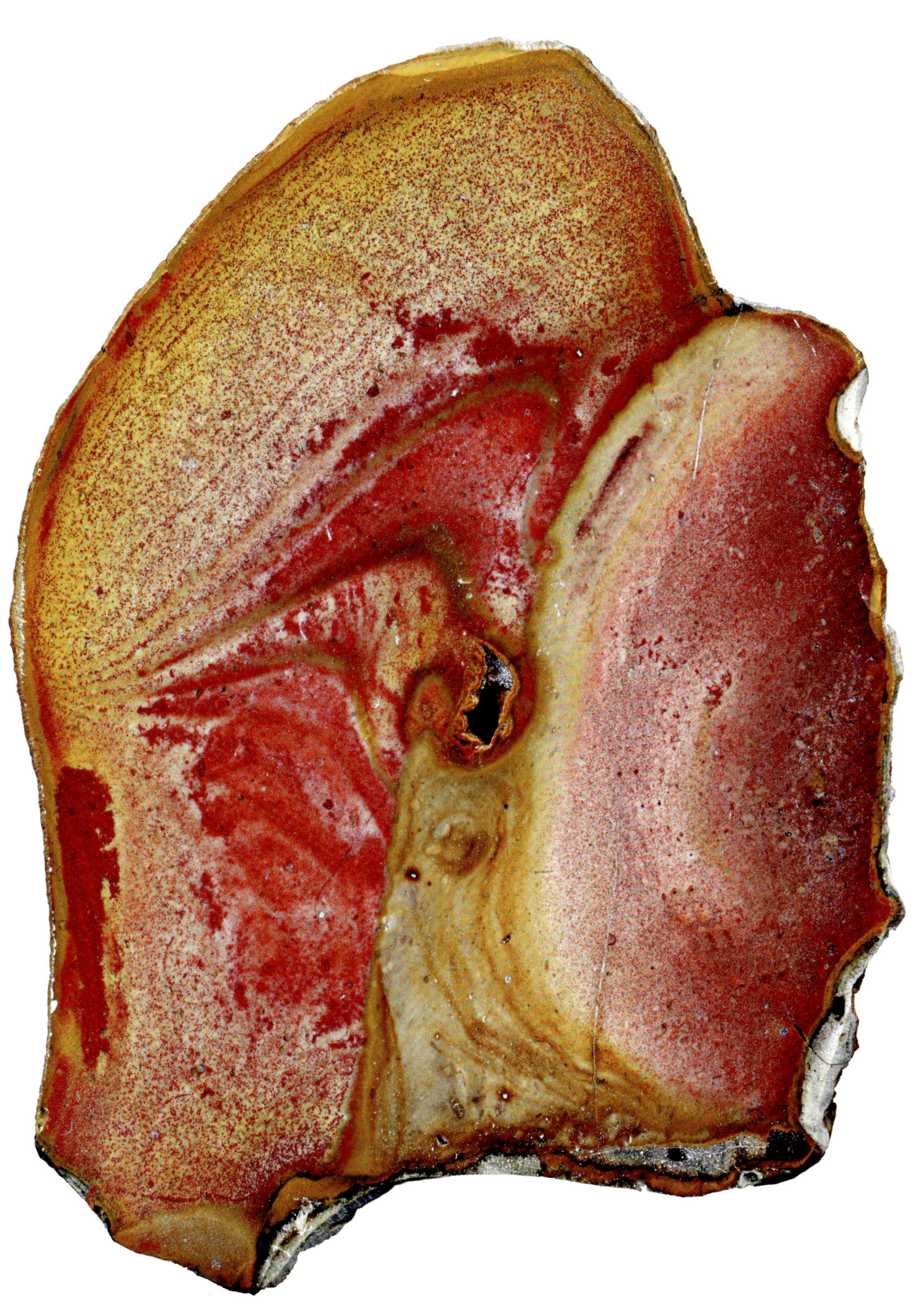

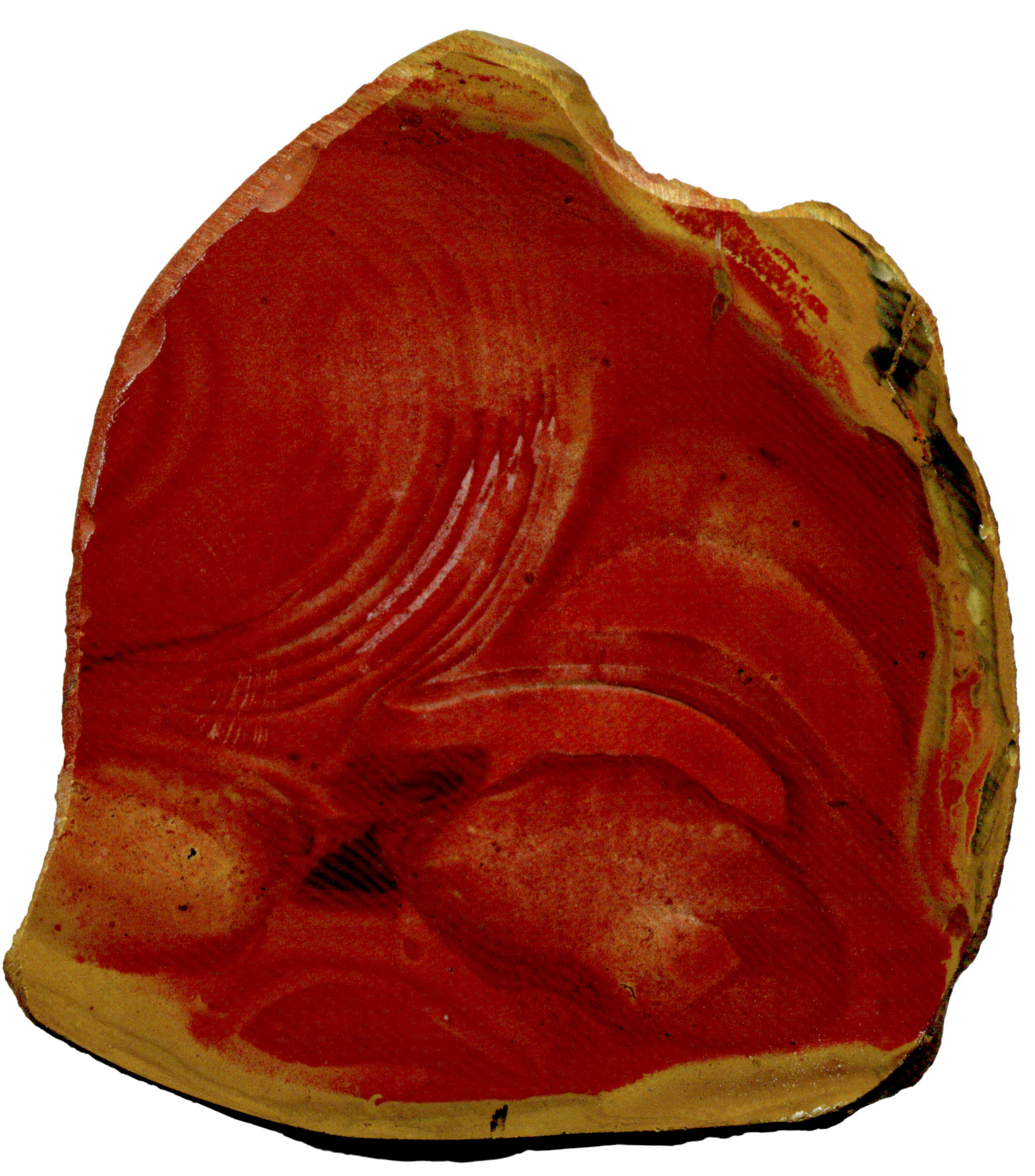

monument, memorial). In German the *Mal* shares its sound shape with the word for moment or time, as in the multiplication of iterability. The legibility of the mark lies within the relationship between the full stop of its singularity and the multiple -times (viele *-male*) of its repetition compulsion.

Stifter tried passing on his maternal mission, intact and undisclosed, to his adopted daughter Juliane Mohaupt, to whom he dedicated his collection *Bunte Steine*. The transmission is aligned via the central story "Tourmaline", in which a Kaspar-Hauser-type girl is adopted and cared for by the second narrator, who, years after the first narration, returns to a story that is hard to hold together. The immediate guess upon her discovery is that the wild girl with the oversized head and non-signifying language is "zwanzig" (twenty). One factor contributing to the renowned obscurity of "Tourmaline" is that Stifter sought to align two crypt transmissions, that of the mark, the content of which is unknown, and that of the sign, the countersignatory of zwanzig/zwang sich that secured the author's relationship to his foundational name.

wiederholt in Stifters Werken auf. Es scheint jene Summe zu sein, die ihm als erste immer wieder in den Sinn kam. «Zwanzig» spielt auf «zwang sich» an: weil die Mutter sich im Alter von zwanzig zwang zu heiraten. Diese krisenbezogene und -auslösende Entscheidung verschlüsselte Stifters Beziehung zum väterlichen Namen und Namenszug, dem Dreh- und Angelpunkt seines Antriebs zu schreiben und zu publizieren. In seinem Ego verborgen, jedenfalls im Innersten, ruhte ein weiteres Geheimnis, das über die Verbundenheit zur Mutter in die Vorgeschichte des Autors zurückführt. Diese verborgene Überlieferung, die Stifter in seinem autobiografischen Fragment *Mein Leben,* ein Jahr vor seinem Selbstmord entstanden, *Schwarzbach machen* nennt, bezieht sich auf die andere Kunst, die er ausübte: Malen, die Weitergabe dessen, was Walter Benjamin als «Mal» im Gegensatz zum «Zeichen» bestimmte.

Im Gegensatz zur bewusst gestalteten Einarbeitung von Zeichen tauchen Male physisch auf, unkontrollierbar, wie das Erröten vor Scham, wie das Muttermal. Wenn ein Mal bewusst öffentlich gesetzt wird, führt es das Ende in die Landschaft

The story “Tourmaline” consists of two parts each attached to a different narrator. The second narrator, who inherits the consequences of the catastrophe in the first part, begins to succeed in raising the pensioner’s surviving daughter toward the light of day, toward consciousness: both her physical deformation and her non-language begin to improve by the end of the story. This happy closure was not received in kind by the story’s addressee: Juliane Mohaupt killed herself. The note she left behind advised that she was off to join her mother, who was long dead.

Inside the first narrative the reader is introduced to the pensioner’s household or economy, which he shared with wife and daughter in a mode of dissociation: wife and daughter were secondary to the centre stage of the pensioner’s life from which they were also delivered. The pensioner’s collection of large portraits of famous personages so packed the central chamber set aside for them that he improvised a couple of rolling daybeds for optimal viewing. It is not just a makeshift consequence of an amateurishly displayed collection: rolling around among

ein: Grabmal, Denkmal, Mahnmal. In der deutschen Sprache teilt sich Mal phonetisch den Platz mit dem Wort für Moment oder Zeit, das einmal, zweimal, x-mal die Iterabilität multipliziert. Die Lesbarkeit des Mals liegt in der Beziehung zwischen dem Eigenraum seiner Einmaligkeit und der Vervielfachung seines Wiederholungzwangs.

Stifter versuchte, sein mütterliches Erbe an seine Adoptivtochter Juliane Mohaupt, der er auch seine Sammlung *Bunte Steine* widmete, weiter zu geben. Die Übergabe war in Abstimmung gebracht durch die zentrale Geschichte *Turmalin,* in der ein Kaspar-Hauser-Mädchen adoptiert und umsorgt wird vom zweiten Erzähler, einer Frau, die, nachdem Jahre nach der ersten Erzählung vergangen sind, zu einer Geschichte zurückkehrt, die schwierig zusammenzuhalten ist. Die Erzählerin vermutet sogleich, als das sehr lebendige Mädchen mit übergrossem Kopf und unverständlicher Sprache entdeckt wird, dass sie «zwanzig» ist. Zur bekannten Obskurität des Textes trägt bei, dass Stifter zwei versteckte Überlieferungen zu verknüpfen versuchte, die des Males – unbekannten Inhalts – und die des Zeichens – des «zwanzig/zwang sich», das die

"famous men" (the only identification of the subjects of the portraits) is optimal for daydreaming. Collecting and daydreaming are held and enjoyed together in abeyance of the process of transformation that turns the private narcissism of daydreaming toward the public, publishable arena of *Dichtung* (poetry) or art. In *Massenpsychologie und Ich-Analyse* (*Group Psychology and the Analysis of the Ego*), Freud wagers (in *addendum B*) that the first *Dichtung* was a hero saga and the first hero, also in the estimation of his audience, was the poet himself, who had succeeded in giving a form to wishing and a public forum for our intensely private second nature as daydreamers. The poet or artist gives public access to the omnipotence of wishing by circumventing the embarrassing and frankly boring narcissism of wish fantasies we rightly keep to ourselves.

A famous actor befriends the pensioner and visits his collection of famous men. They spend quality time rolling around together among the portraits. By metonymy or desire, the pensioner's wife joins the actor in a bed of fulfilment and she soon proves anxious to confess the adultery to her husband. When he ultimately forgives and

Beziehung des Autors zu seinem stiftenden Namen kennzeichnet.

Turmalin besteht aus zwei Teilen – die jeweils einer anderen Erzählerfigur zugeordnet sind. Der Erzählerin, welche die Konsequenzen der Katastrophe im ersten Teil erbte, gelingt es, die überlebende Tochter des «Rentherrn» ans Tageslicht zu heben, ans Bewusstsein: Sowohl ihre körperliche Entstellung als auch ihr Nicht-Sprechen sind am Ende der Geschichte beinahe geheilt. Die Botschaft dieser glücklichen Wendung erreichte Stifters Ziehtochter, an die sich die Geschichte wandte, nicht: Juliane Mohaupt brachte sich um. Die Notiz, die sie zurückliess, legte nahe, dass sie sich auf den Weg gemacht hatte, um ihrer Mutter zu folgen, die schon lange verstorben war.

Innerhalb der ersten Erzählung werden wir bekannt gemacht mit dem Haushalt oder Oikos, worin der Rentherr mit Frau und Tochter, jedoch von diesen getrennt, wohnt: Beide sind von sekundärer Bedeutung für sein Leben und davon auch befreit. Die dicht gehängte Sammlung

even understands, even takes responsibility for the adultery, she disappears. When her absence proves irreversible, he departs with his daughter, leaving behind his residence with its central collection chamber. The conditions of his post-collection existence are reported back only as rumour. The second narrator, who happens to be a friend of the actor, picks up the storyline many years later. She tries to return a book to a friend of the family. Not finding him home she entrusts the book to the apartment building's concierge, who lives in the basement. She catches sight of his strangelooking daughter. The narrator's son brings back another echo from the enigmatic contact when he reports that the daughter with the oversized head screamed at him to leave her blackbird alone, which he was trying to pet. But it is when the narrator learns that the concierge has passed away that she decides to intervene in the affairs of the strange girl.

When the male fantasy of rolling around on machine beds daydreaming about famous men was abandoned by female support, the collector withdrew with his daughter into an underworld in which every

grosser Porträts, die dem Pensionär gehört, reicht bis an die Decke des zentralen Zimmers, von Tages- und Ruhebetten auf Rollen aus können die Bildnisse bestens betrachtet werden. Das ist nicht nur als Notlösung für eine amateurhafte Ausstellung zu verstehen – im Kreise «berühmter Männer» (die einzige schriftliche Erläuterung zu den auf den Porträts Dargestellten) herumzuhängen, ist optimal fürs Tagträumen: Sammeln und Tagträumen werden gemeinsam genossen, halten sich gegenseitig in der Schwebe, bis der private Narzissmus des Tagträumens durch den Prozess der Transformation hör- und sichtbar wird und in Dichtung oder Kunst eine geeignete Bühne findet. In *Massenpsychologie und Ich-Analyse* (1921) wettete Freud (in «Nachtrag B»), dass die erste Dichtung eine Heldensaga und der erste Held, auch in der Einschätzung des Publikums, der Dichter selbst war, der erfolgreich dem Wünschen eine Form und unserer ungemein privaten zweiten Natur als Tagträumer ein öffentliches Forum gab. Der Dichter oder Künstler eröffnet uns die Allmächtigkeit des Wünschens, denn er umgeht den blamablen und wahrhaft langweiligen Narziss-

feature of his private fantasy collection was replaced by funereal props. For example, the blackbird replaced the golden figure of an angel that formerly supported the infant daughter's crib. Rather than go next door to daydream under these new conditions, the pensioner leaves for the day, abandoning his growing daughter with nothing to do. He hasn't raised her to be useful and doesn't expect her to carry out household tasks. What she asks of her father is to give her guidance in fantasizing, a form of instruction. In lieu of the famous men there is the repetition compulsion of two death-wish scenarios or sentences. She is told to write down either the scene of her father's death or the narrative of her wayward mother's erring path that led her to suicide. The instruction of these writing assignments, which the father collects, is further augmented by his feeding her famous lines of high culture recycled in the absence of their sources. The result is that the girl speaks an arcane writerly language, which makes little sense and shows little recognition or affect. It would count as *Dichtung* (poetry), the narrator advises, were it not weighed down by sheer collectability.

mus von Wunschfantasien, die wir zu Recht für uns behalten.

Ein berühmter Schauspieler gewinnt die Freundschaft des Rentherrn und besucht seine Sammlung berühmter Männer. Sie verbringen wertvolle Zeit damit, sich unter den Porträts zu «tummeln». Durch eine Metonymie oder aus Verlangen folgt die Frau des Pensionärs dem Schauspieler in eine erfüllte Liebschaft – und gesteht recht bald ihrem Mann den Ehebruch. Als er schliesslich verzeiht und sogar Verständnis aufbringt und so weit geht, Verantwortung für den Ehebruch zu übernehmen, verschwindet sie. Als er versteht, dass sie für immer weg bleibt, reist er mit seiner Tochter ab und lässt seine Wohnung und Sammlung zurück. Die Umstände seines Lebens ab diesem Zeitpunkt sind nur aus dem Rückblick und gerüchteweise bekannt. Die zweite Erzählerfigur, die zufällig eine Freundin des Schauspielers ist, greift den Handlungsfaden viele Jahre später wieder auf. Sie bemüht sich, einem Freund der Familie ein Buch zu übergeben. Als sie ihn zuhause nicht antrifft, vertraut sie das Buch dem Pförtner des Gebäudes an, der in einer unterirdischen Wohnung desselben lebt. Sie erblickt dabei dessen seltsam

The success story of art or *Dichtung*, of making publishable or public that which begins as making a wish, is ever attended by the interruptions or postponements of collecting. Collecting is the impulse that overlaps with and builds up to the collectivity of culture, but there is a gap between process and purpose in which publication is halted, even undone. Collecting promotes retrenchment in private fantasy, like the pensioner and his visitors on the rolling daybeds of fantastic immersion in the collected figurations and fabulations of "fame". As long as waking fantasies of fame remain private they are yours alone. What is basic to Till Velten's "visual art" of language is the precarious state of transition and tension, hit or miss, between fame fantasy via collection and the resolution to be obtained through collective narration.

Schmidlin's preferred stones, like jasper, are also known as "fire stones". Conflagration admits a prospect of destruction so total one is moved to list or report the contents as missing. It is possible that the historical practice of cremation was introduced to preserve the content of a mummy's tomb at

anmutende Tochter. Der Sohn der Erzählerin hat ergänzend eine ebenfalls rätselhafte Geschichte zu erzählen: Die Tochter mit dem übergrossen Kopf schrie ihn an, er solle ihre Dohle in Ruhe lassen, als er diese gerade streicheln wollte. Doch erst in dem Moment, als die Erzählerin erfährt, dass der Portier gestorben ist, trifft sie die Entscheidung, sich in die Lebensumstände des seltsamen Mädchens einzumischen.

Als die männliche Fantasie vom Rollen auf mechanischen Betten und Tagträumen über berühmte Männer durch weibliches Verhalten beendet wird, zieht sich der Sammler mit seiner Tochter in die Unterwelt zurück und tauscht alle Objekte seiner privaten Fantasiesammlung durch Bestattungsrequisiten aus. Zum Beispiel ersetzt der schwarze Vogel die goldene Engelsfigur, die davor den Vorhang über dem Bettchen des Kindes hielt. Anstatt wieder nach nebenan zu gehen, um unter diesen neuen Bedingungen tagzuträumen, macht sich der Pensionär bei Tageslicht aus dem Staub und lässt seine heranwachsende Tochter ohne Beschäftigung zurück. Er erzieht sie nicht, sich nützlich zu machen, und erwartet nicht ihre Mithilfe bei Hausarbeiten. Sie bittet ihren Vater

a time when funerary recesses were up for grabs by grave robbers, whose exploits were recorded as heroic exploits in the underworld. Destruction by fire loses loss and is as such the beacon of successful mourning and substitution. But it also preserves and hides the collectability of funeral practices through which the relationship to the departed is extended unto undeath. Certainly when set in stone, fire not only burns that which is throwaway, iterable, or predictable, but also illuminates the singular, the preserved object which can be collected but not replaced.

A certain origin of the world as we know or even imagine it is always collected with stones: the onset of humankind in the Stone Age followed out of a two-track sense or direction. There was the functional purpose, involving habitation and development of tools and weapons, and then there was the other one, which probably came first, which was funereal, piling stones upon the dead or inscribing with and on stones the symbols and representations of occult animism. In stone, mankind left behind earliest traces of the triumph over parallel evolutionary forms of intelligent life (like the Neanderthals).

um eine Einführung ins Fantasieren, eine Art von Unterricht. Anstelle der berühmten Männer soll die Fantasie um zwei Todeswunsch-Szenarien oder -Sentenzen kreisen. Sie bekommt zur Aufgabe, den aufgebahrten toten Vater und sein Begräbnis oder den Irrweg ihrer verzweifelten Mutter in den Selbstmord zu beschreiben. Der Vater sammelt diese schriftlichen Arbeiten und bereichert den Unterricht durch sein freies Zitieren aus der hohen Literatur, ein Recycling in Abwesenheit der gesammelten Quellen. Daher spricht das Mädchen in einer seltsamen Schriftsprache, die keinen Sinn ergibt und wenig Verständnis oder Emotion zeigt. Es wäre Dichtung, teilt die Erzählerfigur mit, wenn nicht durch wahllose Ansammlung erdrückt.

Die Erfolgsgeschichte von Kunst oder Dichtung, von dem, was mit einem Wunsch beginnt, wächst und öffentlich gemacht wird, ist stets begleitet von den Unterbrechungen und Verzögerungen des Sammelns. Das Gesammelte ist der Impuls, es baut an der und sich zur kollektiven Kultur aus: Doch Prozess und Ziel sind ein gegensätzliches Paar, dieser Riss kann eine Veröffentlichung stören oder sogar zerstören. Sammeln fördert die Einschränkung

What the species originating in Africa displayed in the European habitat of its struggle for survival was an individualist tendency to collect and transmit collectivity across a long distance. In the earliest settlements spread across the entire European theatre of survival of the fittest we come across the "same" small statues, figural paintings, and fetishes, which reflect a defining human fit with the dialectic between singularity and iterability. The cartoon fantasy show *The Flintstones* imparts via the comedy routine of cavemen enjoying Stone-Age versions or franchises of every work-and-play feature of 1960s mass-media society a certain truth about our ongoing origins. The chain operation of the human acculturation that survived signifies, in the receiving area, another "human" trait: every figure carved out of stone coming off the assembly line of our conformity is also the index of what made us human right from the start: our second nature as daydreamers steeped in the privacy of omnipotent thought. The advent of language only amplified our inner sense that our wish was our command. We seek public access for our second

privater Fantasien, wie des Pensionärs und seiner Besucher auf den rollenden Ruhebetten, ihres stark fantasiegeleiteten Eintauchens in die gesammelten Gestalten und in den verdichteten «Ruhm». Solange Wachfantasien über Ruhm privat bleiben, gehören sie ganz einem selbst. Fundamental für Till Veltens «visuelle Kunst» der Sprache ist der heikle Zustand von Übergang und Spannung zwischen der Fantasie von Ruhm durch die Sammlung und der Entschiedenheit, die erreicht werden soll durch gesammelte Erzählung(en).

Schmidlins bevorzugte Steine, wie der Jaspis, sind auch bekannt unter dem Namen «Feuersteine». Die Feuersbrunst führt eine Vorstellung von Zerstörung ein, die so total ist, dass die betroffenen Gegenstände nur als verschollen anzusehen sind. Möglicherweise ist die historische Praxis der Verbrennung gerade deswegen eingeführt worden, um die Inhalte eines Mumiengrabes zu konservieren – zu einer Zeit, als Grabkammern leicht der Plünderung durch Grabräuber zum Opfer fielen. Die Raubzüge wurden als heroische Heldentaten in der Unterwelt überliefert. Das Feuer verlor so den Aspekt von Zerstörung und Verlust und leuchtete für

nature in another form or outlet, not the sameness of the predictability of our anti-social wish fantasies, but the sameness of a collective culture. The first cave paintings of hunters dancing after the kill wearing animal masks, which were repeated and recognized wherever men dwelt in stone, carried collection and fantasizing forward toward collective representation through mourning projected as large and basic as the problem of food and death. According to Jacques Derrida, what underlies Freud's hermeneutics of successful mourning, but then undoes it such that unmourning succeeds it, is the dialectic between singularity and iterability, a span of tension Till Velten installs between collection and the collective.

erfolgreiche Trauer und Erneuerung. Aber es wahrt und bewahrt auch gesammelte Begräbnispraktiken, durch welche die Beziehung zu den Verschiedenen auf den Zeitraum jenseits des Todes ausgedehnt wird. Gewiss verbrennt Feuer im Stein nicht nur Wegwerfbares, Wiederholbares oder Vorhersagbares, sondern erleuchtet auch das Einzigartige, das Konservierte Objekt, das gesammelt, aber nicht ersetzt werden kann.

Eine spezielle Entstehungsgeschichte der Welt, wie wir sie kennen oder sogar uns vorstellen, ist immer mit Steinen ausstaffiert: Das Erwachen der Kultur in der Steinzeit führte weiter in zwei Richtungen. Es gab zum einen die funktionale Nutzung von Stein, die Sesshaftigkeit und die Entwicklung von Werkzeugen und Waffen nach sich zog, und dazu die andere, wahrscheinlich ursprünglichere, auf Bestattungen bezogene Verwendung von Steinen, um sie auf die Toten zu häufen oder mit Symbolen und Abbildungen von geheimnisvollem Animismus zu beschriften. Auf Stein hinterliess die Menschheit die frühesten Spuren ihrer Erfolge über sich parallel entwickelnde Formen intelligenten Lebens, etwa

Walter Benjamin, "Über die Malerei oder Zeichen und Mal", in: *Gesammelte Schriften*, Vol. 2, ed. Rolf Tiedemann and Hermann Schweppenhäuser. Frankfurt/Main: Suhrkamp Verlag, 1980: pp./S. 603–607.
Jacques Derrida, *Mal d'archive, une impression freudienne*. Paris: Galilée, 1995.
Sigmund Freud, *Massenpsychologie und Ich-Analyse. Gesammelte Werke*, Vol. 13, ed. Anna Freud et al. London: Imago Publishing, 1940: pp./S. 73–161.
Laurence A. Rickels, *Aberrations of Mourning: Writing on German Crypts*. Detroit: Wayne State UP, 1988.
Adalbert Stifter, *Mein Leben. Biographisches*. Weitra: Verlag für Literatur, Kunst und Musikalien, 1996.
Adalbert Stifter, "Turmalin" in: *Bunte Steine*, Vol. 1. Pest and Leipzig: Verlag Gustav Heckenast, 1853: pp./S. 195–268.
Till Velten, *HACH1. Der Polygraph*. Zurich: Edition Fink, 2005.

über den Neandertaler. Die Spezies Mensch, deren Wiege in Afrika stand, zeigte, als sie im europäischen Raum ums Überleben kämpfte, eine individualistische Tendenz, Gemeinsames über längere Zeiträume zu sammeln und zu überliefern. In den frühesten Siedlungen des europäischen Kontinents begegnen wir den «gleichen» kleinen Statuen, Figurenmalereien und Fetischen, die eine erkennbare menschliche Einpassung zwischen den Gegensätzen Einzigartigkeit und Wiederholbarkeit widerspiegeln.

Der Cartoon *The Flintstones,* eine Fantasy Show, erzählt von der täglichen Routine einer Gruppe von Höhlenmenschen, der *Familie Feuerstein.* Im Mäntelchen der Steinzeit geben sie sich Arbeit und Spiel hin, wie die Massenmediengesellschaft der 1960er-Jahre, und enthüllen eine gewisse Wahrheit über unsere wesentliche Herkunft. Der kontinuierliche Prozess der stets aktualisierten Akkulturation ist ein weiteres Charakteristikum der Menschheit: Von Anfang an ist jede aus Stein gemeisselte Figur, losgelöst vom Fliessband unserer Konformität, ein Zeichen: unserer zweiten Natur als Tagträumer, die von heimlichen Fantasien der Allmacht durchdrungen ist. Das Einsetzen der Sprache machte deutlich, unser Wunsch ist Befehl. Für unsere zweite Natur suchen wir eine andere Form oder ein Ventil, um sie freizulassen. Die Gleichheit einer kollektiven Kultur sollte davon profitieren, nicht die eintönige Vorhersagbarkeit unserer antisozialen Wunschfantasien. Die ersten Höhlenmalereien, die tanzende Jäger mit Tiermasken zeigen, fanden Nachahmer und Wertschätzung, wo auch immer Menschen in Felsen hausten. Sammeln und Fantasieren stützten eine weitere kollektive Präsentation, das Trauern, so hervorragend und so elementar wie Essen und Sterben. Was Freuds Hermeneutik des erfolgreichen Trauerns zugrunde liegt und es dann aber zugrunde richtet, sodass Trauerarbeit über die Untrauer [«Unmourning»] folgt, ist, nach Jacques Derrida, der Gegensatz zwischen Einzigartigkeit und Iterabilität, ein Spannungsbogen, den Till Velten zwischen Kollektion und Kollektiv [sammeln und gesammelt] zieht.

Übersetzung Markus Thomas und Anna Mirfattahi

Krümmungs-
liebe im
Löffelraum

Birgit Kempker
Krümmungsliebe im Löffelraum
seitwärts und rückwärts zu lesen /
Bending love in spoon space
read sideways and backwards

Der Löffel an sich, voll und leer, yin und yang, rund und lang, nährt und spiegelt. Er ist amalgamiertes Programm: Lacan, Derrida, Deleuze, Roland Bartes, Claude Lévi-Strauss, Kittler, Flusser, BerKeley, Bateson, Heinz von Foerster, Narziss, Goldmund ... Remember?

Ja, ich bin enttäuscht. Uri Geller antwortet mir prompt eine SeKunde später mitten in der Nacht im weltweiten Netz auf meine E-Mail-Anfrage, ob ich ihn noch einmal etwas fragen Könne, per E-Mail, nach unserem Besuch bei ihm vor zwei Tagen in Reading: No, er habe täglich 200 E-Mails zu beantworten. Er habe 15 Bücher geschrieben. No. ThanK you for your poetry, Birgit, much love and energy, Uri. Täglich betet Uri über den E-Mails mit einer weissen Mütze und täglich antwortet er auf seinem Hausrad, zeigt mir ein Movie.

Am Tag unseres Besuches postet Uri abends ein Zitat Einsteins über Magie, ein Tag mit Schneesturm und wir – nach Audienz zitternd in einem Bushäuschen: «Jener, dem diese Emotion (der Magie) ein Fremdling ist, ist so gut wie tot und blind.» Liebe und Umarmung, und ich möchte deine Kommentare lesen, Uri. Siehst du Phänomene? SchicK mir auch Fotos.

The spoon-in-itself, full and empty, yin and yang, curved and long, feeds and reflects. It reflects an amalgamated programme: Lacan, Derrida, Deleuze, Roland Barthes, Claude Lévi-Strauss, Kittler, Flusser, BerKeley, Bateson, Heinz von Foerster, Narcissus, Goldmund ... Remember?

Yes, I'm disappointed. Instantly, only a second later, Uri Geller answers my e-mail sent in the middle of the night over the World Wide Web. After having visited him in Reading two days earlier, I want to Know if I can asK him another question via e-mail: No, every day he has to answer 200 e-mails. He has written 15 booKs. No. ThanK you for your poetry, Birgit, much love and energy, Uri. Everyday Uri prays over these e-mails under a white cap and everyday he answers them on his exercise biKe, a movie shows me.

On the day of our visit, Uri posts in the evening something Einstein said about magic, a day of snow flurries and we – after our audience – stand shivering in a small bus shelter: “He to whom the emotion [of magic] is a stranger, who can no longer

Energy, Uri. Täuschung? No, facebook. Weltweite Umarmung. Viele, viele Likes.

Der schwedischen Mutter krümmen sich die Stricknadeln, dem Sohn fallen die Cornflakes vom Löffel, der Vater lässt sein Buch fallen, in dem steht, wie er seine schwangere Frau glücklich macht, der Hund wird an der Kette in die Luft gehoben und eine Heilsgestalt ergiesst sich über das TV metallisch und strahlend in die Familie: «Expect the unexpected», sagt Uri. Das sagt er auch uns. Endlich kommt doch der Bus. Wie findest du meinen schwedischen Werbefilm?

Nein, ich bin nicht enttäuscht, er bog mir in seinem Haus den Löffel, während er nach Shipi rief, ungeduldig, wie ich es vorher über ihn lesen konnte, es war genau der Moment, an dem er ungeduldig wird und nach der Kamera ruft, immer, Reflex, nach 55 Minuten: Ruf nach Kamera. Till und ich, wir sind unique und wir sind wie jeder. Don't expect the unexpected. Er ist hier, wie es über ihn geschrieben steht, in allem. Das Foto. Schnell. Der Löffel her aus der Küche. In meiner Manteltasche auf meinen Schuhen neben den Filzpantoffeln am Marmoreingang schwerer Schlüssel. Geh ich zum Mantel? No.

pause to wonder and stand wrapped in awe, is as good as dead – his eyes are closed." Love and hugs, and I'd like to read your comments, Uri. Do you see phenomena? Send me photos, too. Energy, Uri. Illusion? No, Facebook. A worldwide hug. Many, many likes.

The Swedish mother's knitting needles bend, the cornflakes fall off the son's spoon, the father drops the book in which he can read how to make his pregnant wife happy, the dog on the chain is lifted into the air, and a figure of salvation, metallic and luminous, gushes out of the TV into the family: "Expect the unexpected," Uri says. He says it to us, too. The bus finally arrives. Now what do you think of my Swedish promo?

No, I'm not disappointed – he bent a spoon for me in his house while calling Shipi impatiently, just as I had read he would. This is exactly when he becomes impatient and calls for the camera, a reflex, after 55 minutes: the call for the camera. Till and I, we're unique and we're like everyone else. Don't expect the unexpected. He is exactly as I read he would be.

Yes, die Zeit lief ab. Er wollte noch den Garten zeigen, den Wasserfall, unter dem Michael JacKson zu meditieren pflegte, die HolzplastiK des Häuptlings, das Riesenpferd des Künstlers aus Treibholz, den roten Feng-Shui-Bogen, das Tor zur Magie, unter dem sie dich unmittelbar befällt, die Magie, wollen wir hindurchgehen? Er schaut uns magisch an wie im Film. Wir gehen hindurch und stehen vor dem Bewachungsturm, den wir nicht fotografieren sollen.

Was ist mit dem Wasser passiert? Uri sieht seine Fische nicht mehr und telefoniert. Er ist nervös. Er zieht die getönte Brille aus. Er ruft seinen Gärtner. Es ist schlecht für die Fische, sagt er. Alles passt wie eine ZucKertorte unter den Petticoat der Queen.

Wenn Uri Geller sich angegriffen fühlt, Kippt seine Stimme attraKtiv, wie alles, was ihm passiert und er nicht unter Kontrolle hat, mich verzaubert, oder tut er nur so? Tu ich so? Er oder sein Körper wirKt verletzlich, female, als habe er die Gewalt, die Ella in ihrer Familie erlebt, selbst erfahren. Are you Ella? No. In a sublimated way, I am Ella.

Dieser Riss in Uri. Ich sah ihn in Videos, ich sehe ihn, als Till ihn reizt. Seine Stimme Kippt. Er schrieb meinen und seinen

The photo. QuicK. Get a spoon from the Kitchen. In my coat pocKet, on my shoes next to the felt slippers in the marble entranceway, a heavy Key. Do I go to my coat? No.

Yes, time was running out. He still wanted to show us the garden, the waterfall under which Michael JacKson used to meditate, the wooden sculpture of a chieftain, an artist's gigantic horse made of driftwood, the red Feng Shui arch, a gateway to magic under which magic immediately befalls you. Should we walK through it? He looKs at us magically, liKe in the film. We walK through it and stand in front of the watchtower, which we aren't supposed to photograph.

What's happened to the water? Uri doesn't see his fish and phones someone. He's nervous. He taKes off his tinted glasses. He calls his gardener. It's bad for the fish, he says. It all fits liKe a sugar caKe under the queen's petticoat.

When Uri Geller feels attacKed, his voice breaKs attractively. Anything happening to him which he doesn't have under control, enchants me. Or is he only pretending? Or am I?

Namen auf den Löffel aus seiner Küche auf seinem Knie. Birgit. Uri Geller. Bent love forever. For seconds. Was ist Liebe im Löffel in knapp zugeteilter Zeit in Raum und Ewigkeit? Mehr als ein Like? Ein Link? Wo ist Grosszügigkeit, Zärtlichkeit, Verschwendung? Was ist Liebe ohne Zeit? 11921 Likes?

Zeit ist Geld. Auch Jesus hatte nicht für jeden Zeit und nur eine Maria Magdalena. Das ist menschlich. Uri Geller hat Shipi und Shipis Schwester, Ehefrau Hanna, die sich um Geld kümmern. Geld macht dumm und gierig. Geld versaut deinen Kopf, schreibt Uri seinem neuen Nachbarn George Clooney, dem, der die Ziegen anstarrte, in die *Sunday Times.* Und Zeit? Uri verbiegt Uhren. Schon in der Schule. Er kontrolliert die Zeit. Er verlängert die Schulpause. Er richtet sie zu, doch strecken kann er sie nicht. Oder doch? Einmal habe er sich teletransportiert, berichtet Maria Cooper Janis fast schüchtern in die Kamera.

Ich denke über Raum, Zeit, Krümmung, Materie, Massstab, Wahrnehmung und Währungen nach, und über meine scheinbar kindliche Freude und Erstaunen im Moment, in Uris Haus, als der Löffel sich bog.

He or his body seems vulnerable, female, as if he had himself experienced the violence Ella experienced in her family. Are you Ella? No. In a sublimated way, I am Ella.

This crack in Uri. I saw it in the videos, and I see it when he is piqued by Till. His voice breaks. He wrote my name and his name on the spoon from his kitchen on his knee. Birgit. Uri Geller. Bent love forever. For seconds. What is love in a spoon rationed so briefly in space and eternity? More than a like? A link? Where is generosity, tenderness, wastefulness? What is love without time? 11921 likes?

Time is money. Jesus didn't have time for everyone either, and only one Mary Magdalene. That's human. Uri Geller has Shipi and Shipi's sister, his own wife Hanna, who take care of the money. Money makes you stupid and greedy. Money fucks up your mind, Uri warns his new neighbour George Clooney, the man who stared at goats, in the *Sunday Times.* And time? Uri bends clocks. Even at school. He controls time. He prolongs the breaks at school. He bends time but can't extend it. Or can he? He teleported himself once, Maria Cooper Janis says almost timidly into the camera.

Videostills aus: *Uri sending – Birgit receiving*, 2015/2016

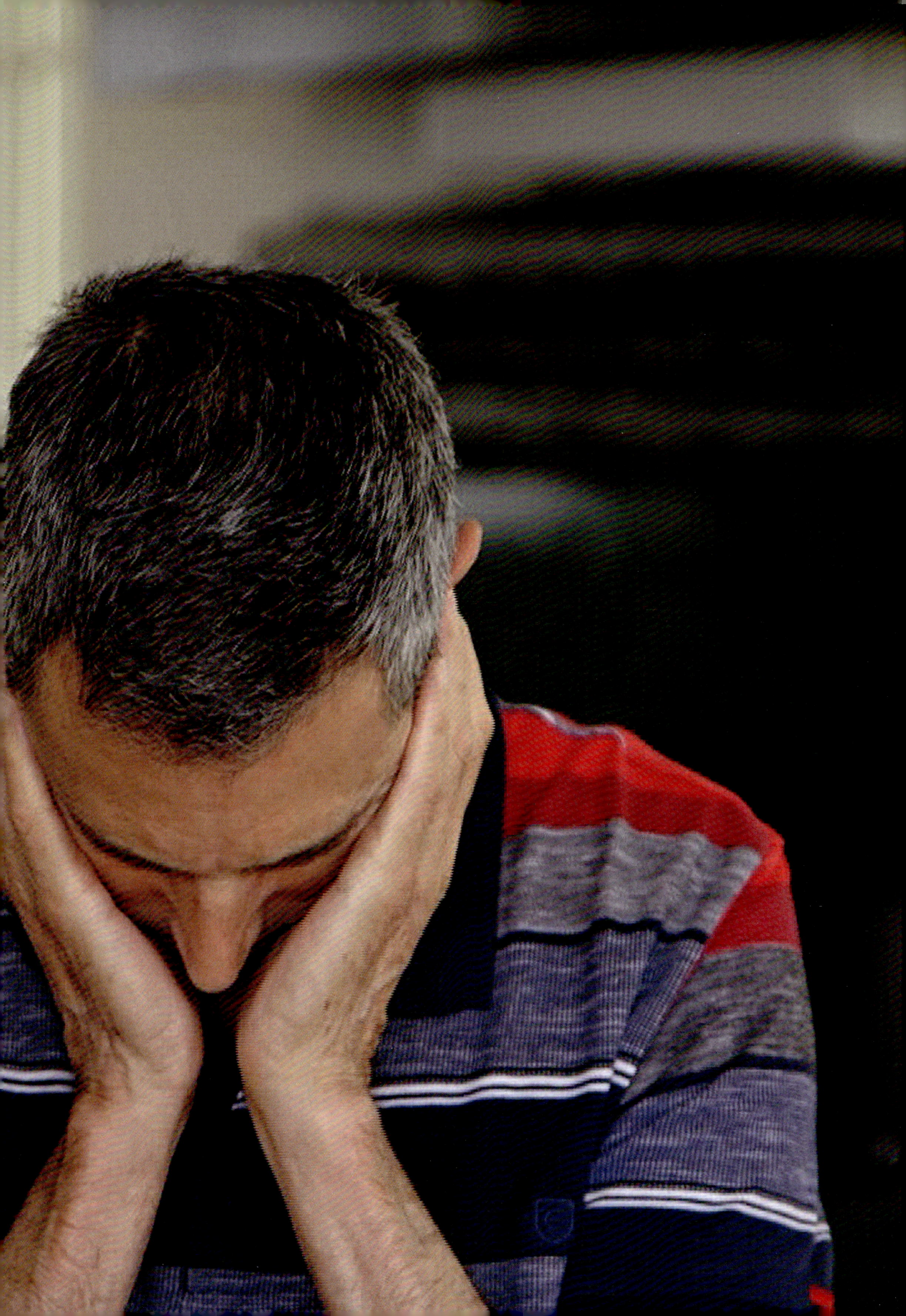

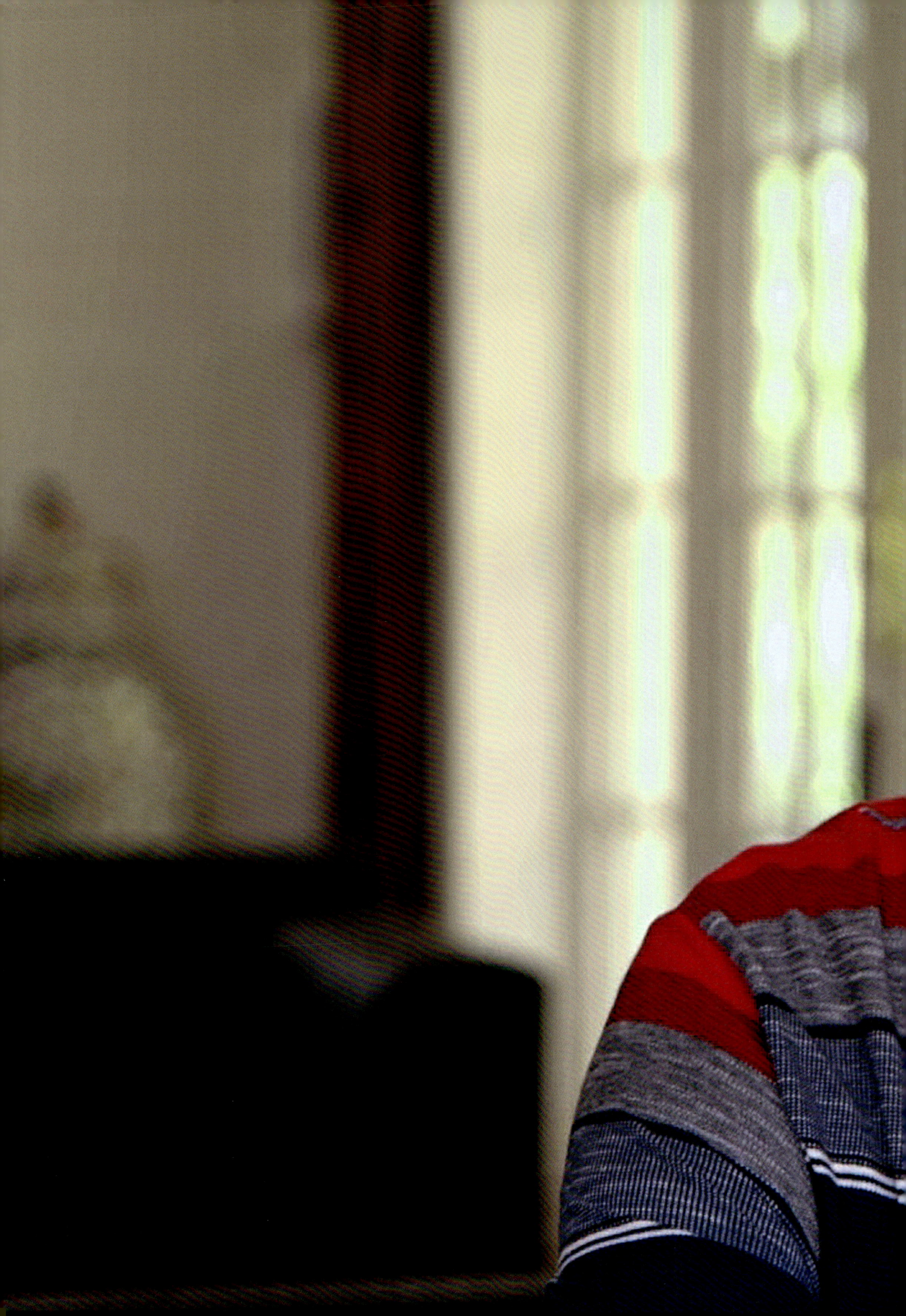

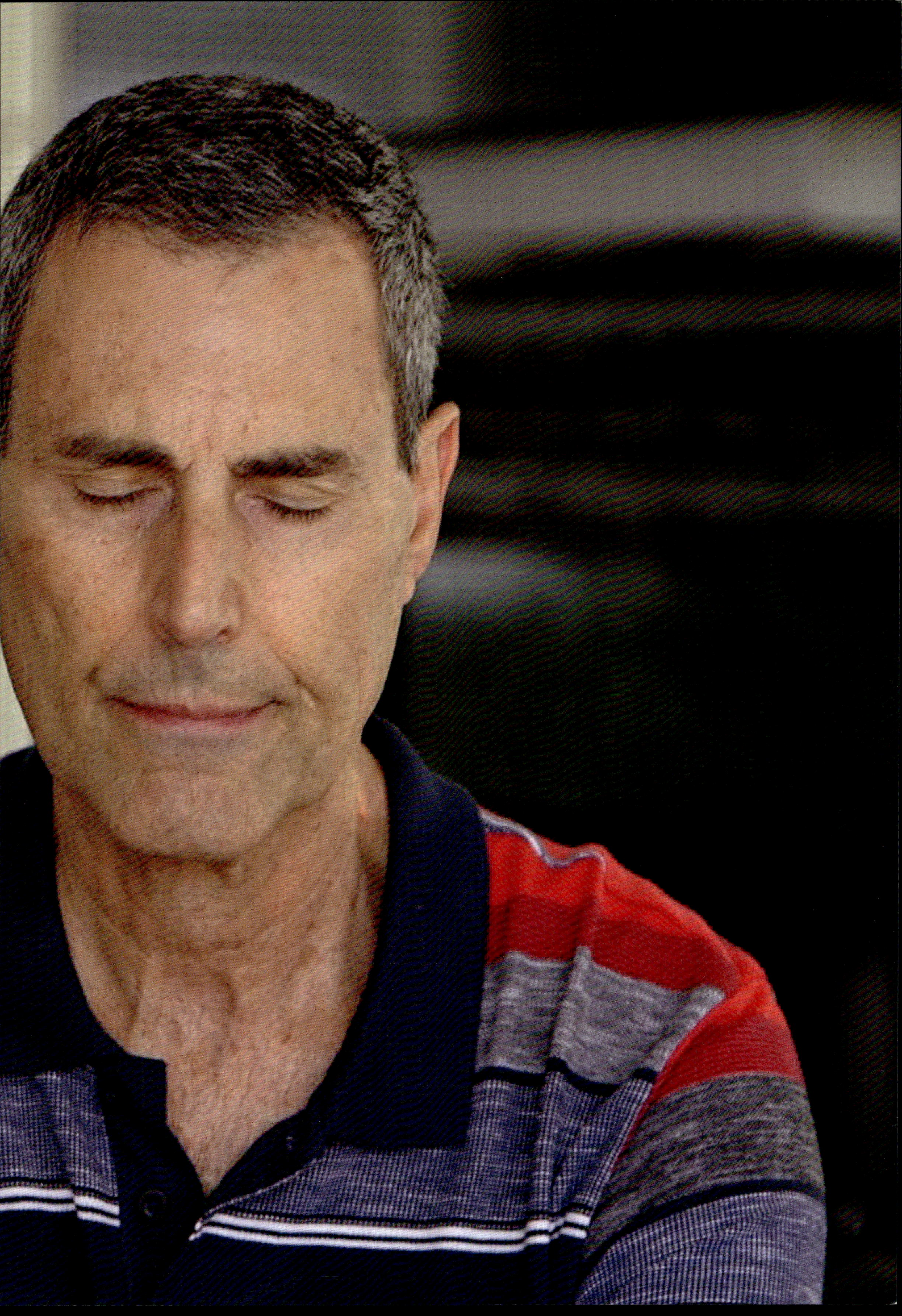

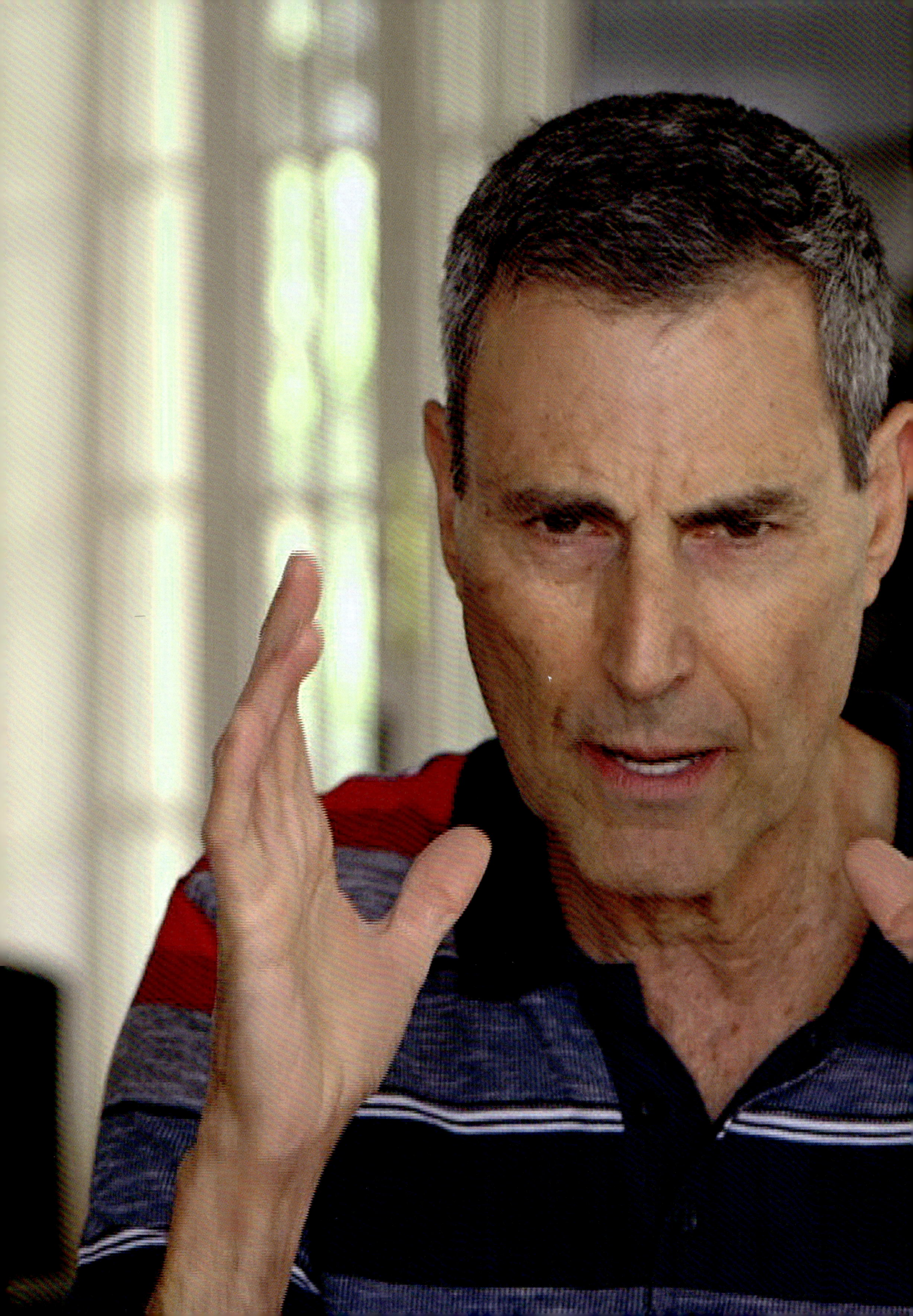

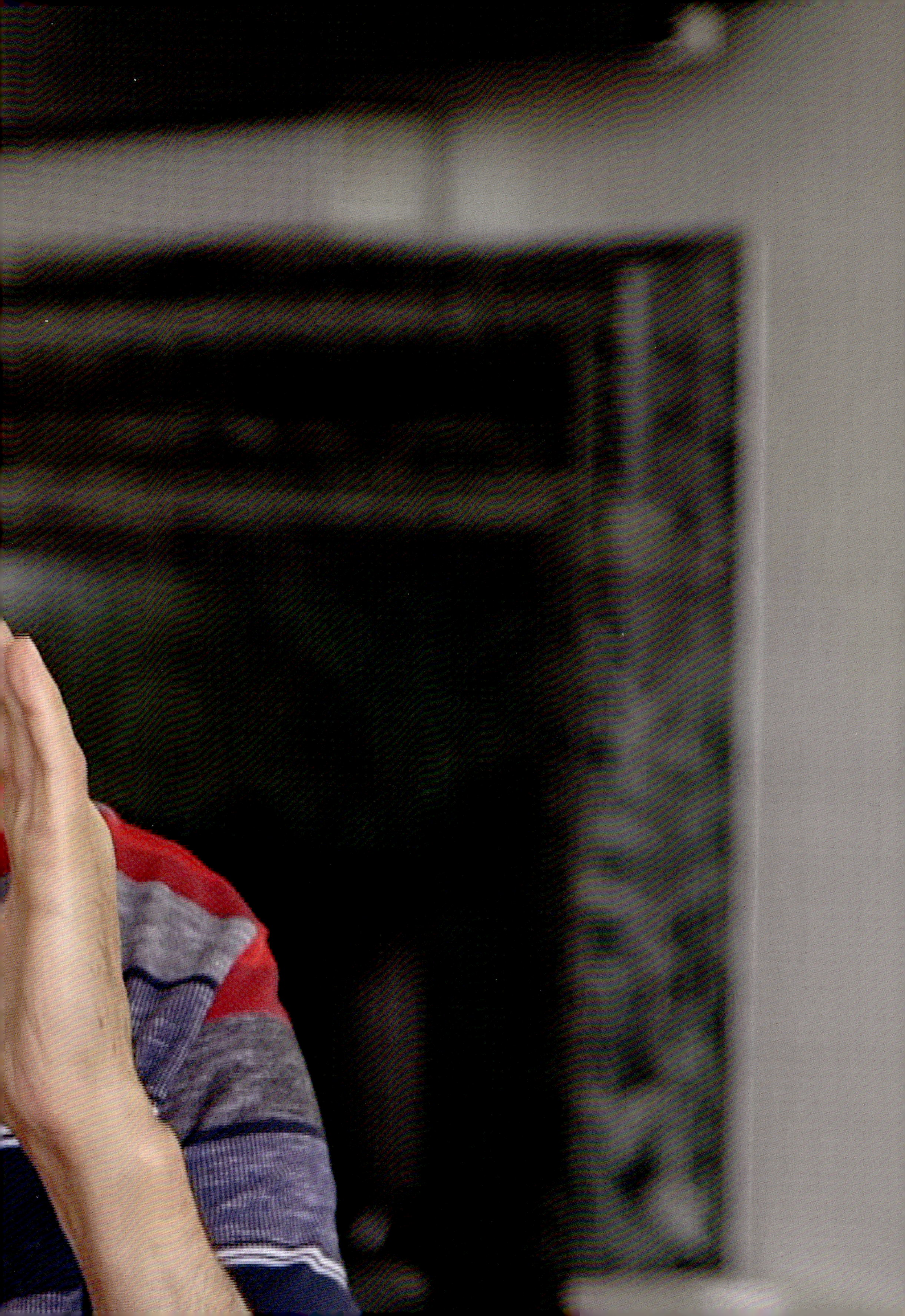

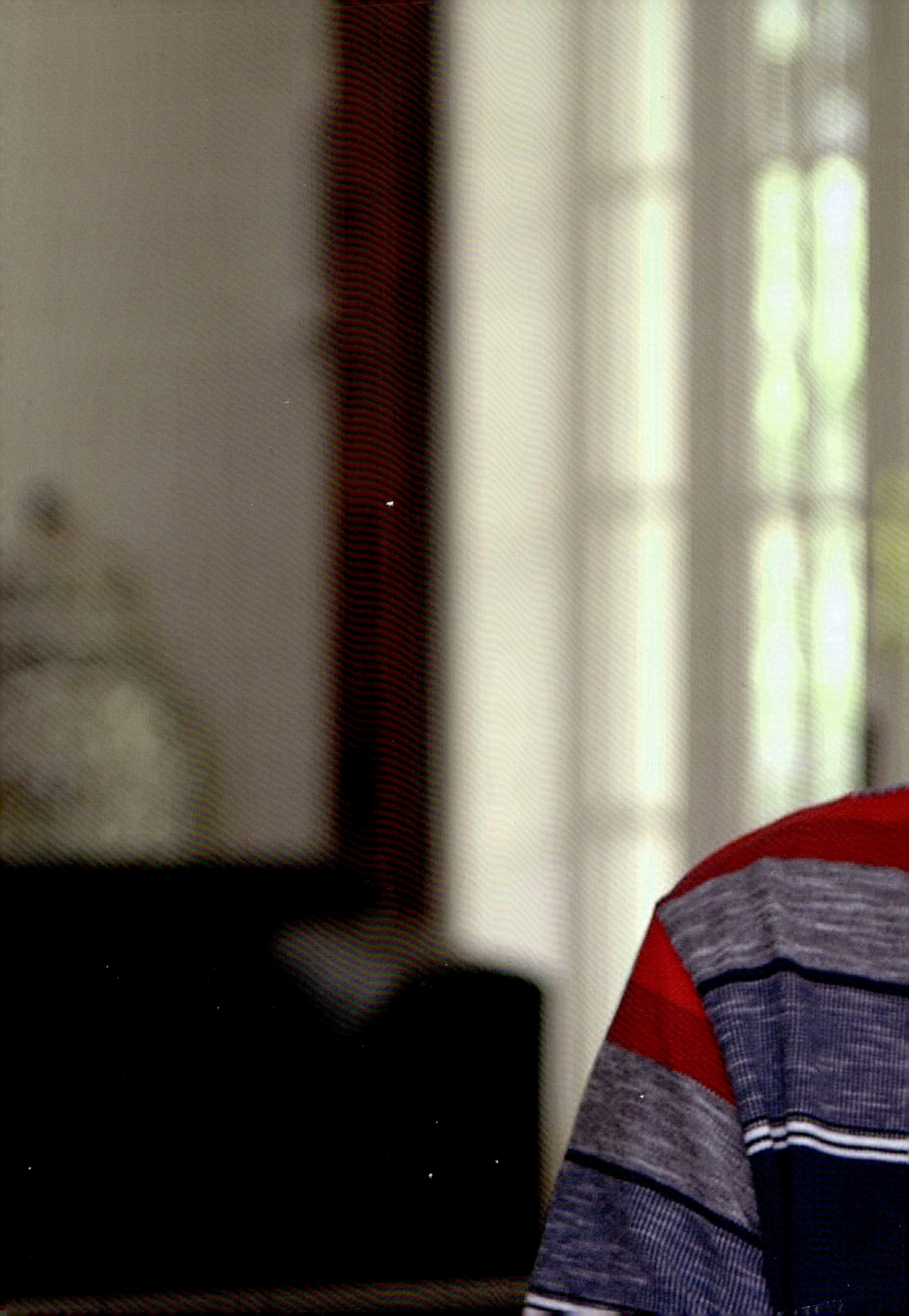

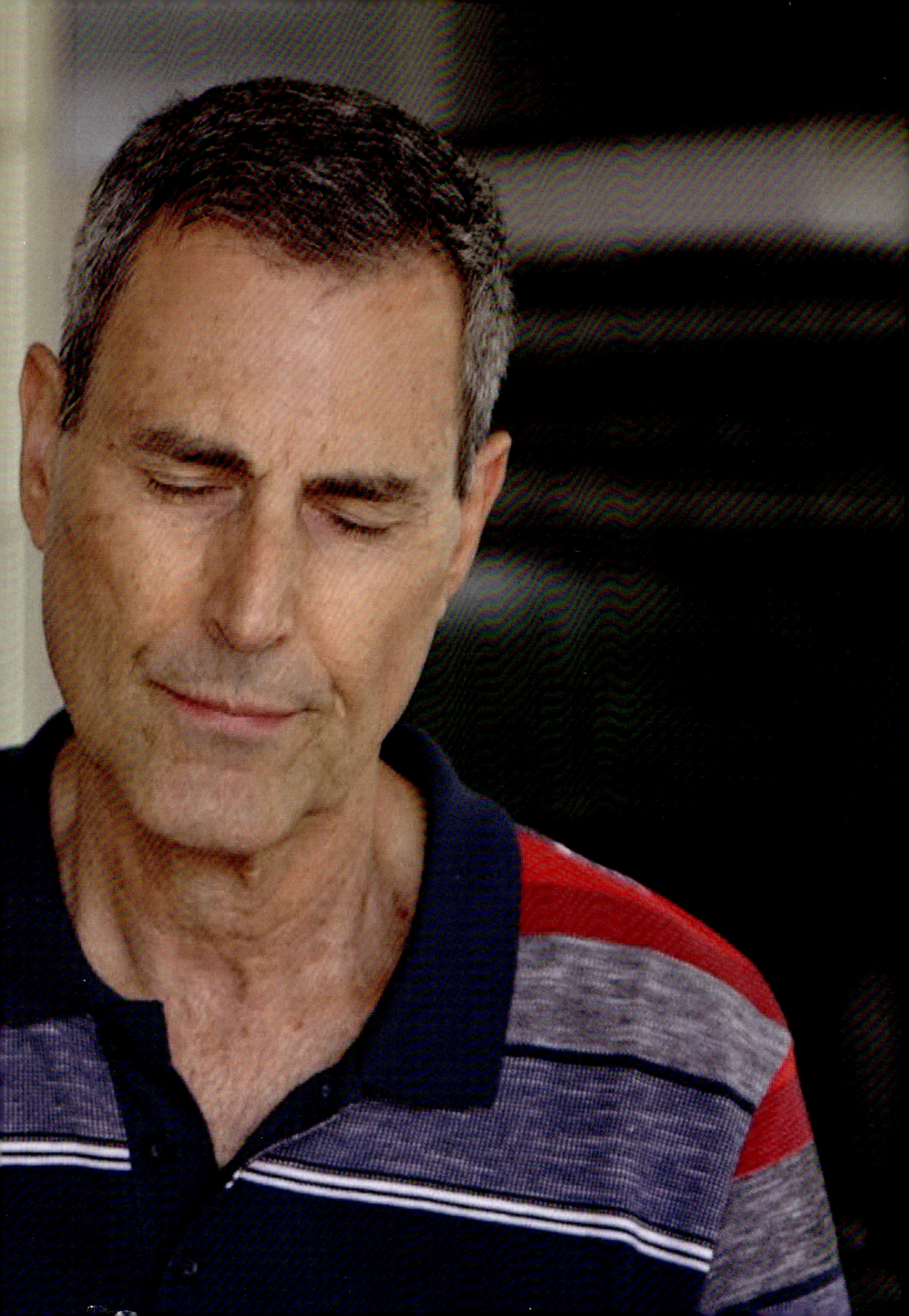

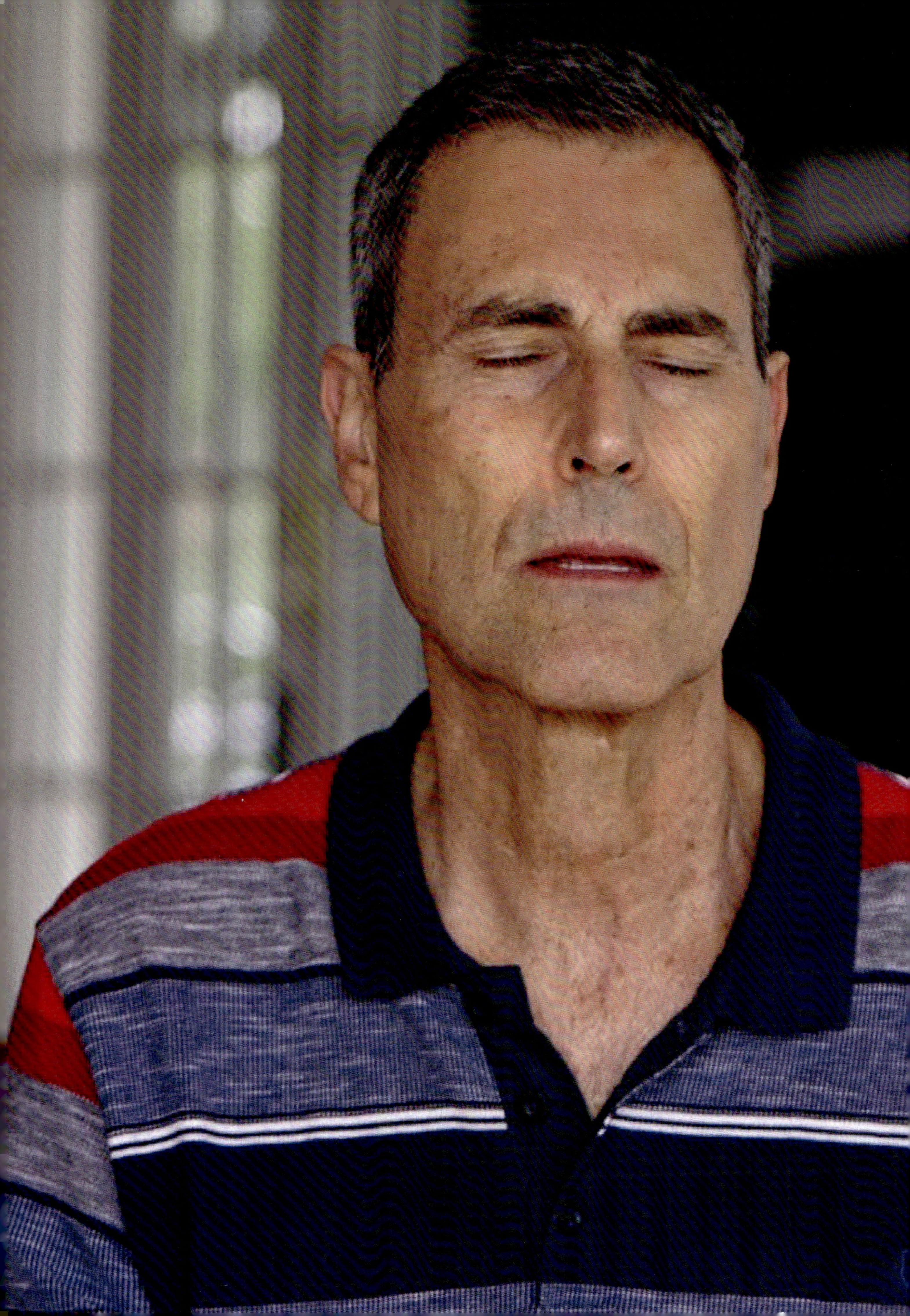

Wie ich aber auch spielte, vor der Kamera, dass ich mich erstaunte und mich deshalb noch mehr freute und noch mehr erstaunte und wie die Realität von Anbeginn an bei diesem Besuch von Till und mir in Uri Gellers Haus nonreal war, fiktiv, weil schon vorgesehen. Wir hinkten uns hinterher. Waren wir schon in Facebook? Ich kannte den Glaspavillon, die Glastische, den Glasschädel, sogar die magischen Kugeln und Kristalle. Alles schon überschrieben. Wir waren schon ausgeführt. Es war so, wie es sich in den Filmen, Zeitungen und Büchern über ihn anhört. Und es war gleichzeitig die Illusion von unmittelbar, frisch erlebt, wie in einem Haus eines Illusionisten, was es ja ist. Alles perfekt.

Und der Geist auf der Brücke? Isabella. Eines Tages erschien eine rote Postbox im Brückenpfeiler von Sonning-on-Thames. Wie Uri auf diese Postbox zeigt in einem geposteten Foto, zum Quietschen. Sein zweiter Geist, als er davon erzählt, bekommt er selbst Gänsehaut auf seinem linken Arm. Das ist echt. Es überträgt sich auf meinen linken Arm. Er suchte nach einem Stein für das Grab seiner Mutter. Für Muti. Wie irre ist es, einem Mann

I think about space, time, distortion, matter, scale, perception and currencies, and my seemingly childish delight and amazement in Uri's home at that moment when the spoon began to bend. But also about how I acted as if I were amazed in front of the camera and this made me more delighted and more amazed. And how during Till's and my visit at Uri Geller's house, reality was unreal and fictional from the start, because prearranged. We were lagging behind ourselves. Were we already on Facebook? I was familiar with the glass pavilion, the glass tables, the glass skull, even the magic balls and crystals. Everything was already overwritten. We were already effected. It was exactly like it sounded in the films, newspapers and books about him. And at the same time there was the illusion of a direct and fresh experience, like in an illusionist's house – which it is. Everything perfect.

And the ghost on the bridge? Isabella. One day a red letterbox appeared in a buttress of the Sonning Bridge. The way Uri is pointing at the

wie Uri Geller näher rücken zu wollen, mehr zu erfahren, als was im Netz steht, nur weil er Nähe vortäuscht und Einzigartigkeit predigt in seinen Netzbotschaften.

Der Steinmetz stand mit dem Auto vor dem Tor. Uri sah auf dem Überwachungsvideo den Hund auf dem Hintersitz und wollte ihn streicheln. Er öffnete das kleine Seitentor, streckt die Hand aus, und da war kein Hund. Der Hund war gestorben. Wo ist ihr Hund? Der Steinmetz wird bleich. Diesen Geist hatte seine tote Mutter für ihn parat gemacht, sagt Uri. She fixed it. Er lief ins Haus und erzählte Hanna, wie er gerade einen Geist sah. Wir finden auf dem Friedhof vor der St. Andrew Church den Stein nicht. Es ist kalt und schneit und es wird dunkel. Kein Bus.

Again: Während sich der Löffel für mich bog in der Hand von Uri, während Shipi Anweisung bekam fürs Foto, hörte ich Till sagen: «See, you need it. You needed the spoon.» Till hatte schon seinen Löffel vor Jahren in Berlin. Deshalb sind wir hier. Uri lud Till in sein Haus und Till nahm das persönlich. Uri Geller ist seine eigene persönlichste Maske. Er spricht jeden Tag mit seinen Genen, mit seinem Gesicht,

letterbox in a posted photo: hilarious. When he tells us about his second ghost, he gets goose-bumps on his left arm. They're real. They move across to my left arm. Uri starts searching for a stone for his mother's grave. For Muti. How crazy is it to want to move closer to a man like Uri Geller, to find out more than there is on the Web – just because he feigns closeness and preaches uniqueness in his online messages.

The stonemason was in his car at the front gate. On the surveillance video, Uri saw the dog on the backseat and wanted to pet it. He opened the small side door, stretched out his hand, but there was no dog. The dog had died. Where is your dog? The stonemason goes pale. This ghost was prepared for him by his dead mother, Uri says. She fixed it. Then he runs into the house and tells Hanna how he has just seen a ghost. We can't find the stone in the graveyard at St. Andrew's Church. It's cold and snowing and getting dark. No bus.

Again: while the spoon was bending in Uri's hand for me and Shipi was being instructed to take a photo, I hear Till say: "See, you need it. You needed the spoon." Till had already got his spoon years ago in Berlin.

seinen Organen, sie mögen nicht so schnell altern und es Klappt, er sieht nicht aus wie 68.

Uri Geller berührt, indem er sich entzieht, man meint ihn zu berühren, aber er ist nicht da. Ein uralter Trick. Mach sie hungrig, reich ihnen den Löffel, das wars. One-sided love forever. Ein Tee, zwei Kekse und das Auto mit den aufgeschraubten Löffeln. Der letzte Löffel vom Papst wird nicht aufgeschraubt. Remember? Halte ihnen deinen schönen Körper hin, den sie nicht essen Können. Trainiere diesen Körper im Keller deines weissen Hauses. Denn du bist nicht Jesus.

Ich brauchte diesen Kick. Das gespielte und echte und überspielte und noch echtere Demonstrieren dieser Freude und Überraschung im Angesicht der Kamera von Till, ausgelöst durch Shipi, so wie Shipi Uri aufnahm auf den Fotos, die ich vorher ansah, und alle die Fotos von Menschen mit extra für sie verbogenen Löffeln. Ich fühlte natürlich, dass für einen Minimoment wir alle ineinander ausgeweitet und umeinander erweitert waren, Uri, Shipi, Till und alle Löffelzeugen, die jemals ins Medium gerieten und geraten werden. Eine Orgie der Beziehungen und Relativität. Einstein fehlt bei Uri nie.

Which is why we're here. Uri invited Till to his home and Till took that personally. Uri Geller is his own most personal mask. Every day he talks with his genes, with his face, his organs, asking them not to age on him so quickly. And it works, he doesn't look 68.

Uri Geller touches others by eluding them. You believe you've touched him, but he's not there. An ancient trick. Make them hungry, hand them a spoon, and that's it. One-sided love forever. A tea, two cookies and the car with spoons screwed on it. The last spoon from the Pope won't be screwed on. Remember? Offer them your pretty body which they can't eat. Train that body in the basement of your white house. For you're not Jesus.

I needed this Kick. This demonstration of delight and amazement – acted out, genuine, overacted and even more genuine – in view of Till's camera, inspired by Shipi. Just as Shipi had captured Uri on the photos I'd previously seen, and all the photos of people with spoons bent specially for them. Of course,

Irgendwie auch Clint Eastwood, was mir besonders gefiel, obwohl mein Schlüssel unverbogen blieb. Clint Eastwood musste seinen Schlüssel mit einem Hammer wieder gerade schlagen, um sein Haus aufzuschliessen. «Menschen sind Schafe, Wölfe oder Hüter», sagt der Vater in Clint Eastwoods *American Sniper,* was ist Uri?

Was bedeutet Medium? Warum ist es nicht grauslig und modrig, wenn Uri mit derselben gezeigten Freude zwischen Till und mir steht, ich mit meinem Löffel und dann nur noch Uri und ich mit dem Löffel, nah an seinem Körper, eine Art Impfung, wie in Tausenden von Fotos und Filmen.

Er impft mich. Viermal sagt Uri wie Eckpfeiler der Stunde bei ihm die Gleichung von Einstein auf: «E = mc Quadrat» und übersetzt: Keine Energie geht verloren. Die Summe der Energie bleibt gleich.

Personen verändern die Realität, indem sie diese wahrnehmen. Daten sind real, wenn sie von jemandem empfangen werden. Geht es um die 8 ungeborenen Geschwister, bevor es Uri in die Materie schaffte? Das letzte tot auf dem Rücksitz des Taxis seines Vaters. Der Vater war ein Weiberheld. Der Vater war auch ein Löwe. Er rettete

for a wee moment I felt we were all expanding and extending around one another. Uri, Shipi, Till and all those witnesses of spoons who have ever ended up or are going to end up in the medium. An orgy of relations and relativity. With Uri, Einstein is never absent. Somehow it is the same with Clint Eastwood, which I especially liked, even though my key remained unbent. To unlock his house Clint Eastwood had to pound his key flat again with a hammer. "People are sheep, wolves, and sheepdogs," says the father in Clint Eastwood's *American Sniper*. What is Uri?

What does medium mean? Why isn't it macabre and morbid when Uri stands, with a similar display of delight, between Till and me, me with my spoon, and then just Uri and me with the spoon, close to his body, a kind of inoculation, like in thousands of photos and films.

He inoculates me. In the hour with him, Uri recites – like corner posts – four times Einstein's equation "$E = mc^2$" and translates: no energy is lost. The total energy remains constant.

Muti aus einem Schiff unter Wasser. Uri sagt zu Colin Wilson, ja, er habe vermutlich schon auch in der Sexualität magnetische Kräfte. Zum Foto mit Iris sagt er Colin Wilson, damals, diese sei eine seiner vielen Freundinnen. Iris Davidesco, sie habe ihn verleumdet, aber später den Verrat gestanden. Er war die Liebe ihres Lebens. Ja, Engel, die spürt er, sagt Uri, als ich ihn nach den Kräften seiner ungeborenen Geschwister frage. Engel, ja.

Iris und Ella, beide sterben. Ella ist die Heldin in Uri Gellers Thriller: Ella. Ella ist ein zartes Mädchen mit Psikräften. Sie erlebt hässliche Gewalt von hässlichen Männern in der Familie: ihr Vater, ihr Onkel und andere. Wir lesen und riechen diese Brusthaare, das Schreien, die unerwünschte Nähe, den Ekel, den Exorzismus, die Kirche, und Ella kotzt. Ella wird von einem schillernden jungen Mann beschützt, der selbst Kräfte besitzt und seiner Mutter einst beim Ertrinken zusah, das er schuldlos verursacht hatte. Sie tauchte nach seinem Schlüssel zu einem verborgenen Schatz. Er kann sie, anders als Uri Gellers Vater, nicht retten. Ella und Peter steigen beide in einer dramatischen Szene auf in den Himmel, nachdem Ella Peter nicht retten konnte oder wollte, als dieser sich in einem

People change reality by perceiving it. Facts become real if there is someone to receive them. Is it about the eight unborn siblings before Uri managed to materialize? The last one dead on the backseat of his father's taxi. His father was a womanizer. His father was a lion, too. He saved Muti from a ship under water. Uri says to Colin Wilson, yes, he probably has magnetic powers in sexual matters, too. And about the photo with Iris, he says to Colin Wilson, back then she was one of his many girlfriends. Iris Davidesco, she had slandered him, but later confessed her betrayal. He was the love of her life. Yes, angels, he feels them, says Uri, when I ask him about the power of his unborn siblings. Angels, yes.

Iris and Ella, both die. Ella is the heroine in Uri Geller's thriller: Ella. Ella is a delicate girl with psychic powers. She experiences ugly abuse from the ugly men in her family: her father, her uncle, and others. We read and smell these chest hairs, the screams, the unwanted intimacy, repulsion, exorcism, the church –

Wassertank zum Ertrinken einschloss. So verschachtelt und so einfach ist es. Ella ist Uri, sublim, wer ist Peter? Die Forscher, sein Lieblingsgegner Peter Popoff, der KGB? Die Medienhaie, ein CIA-Agent, der Mossad? Oder sein erster Mentor Andrija Puharich?

Colin Wilson, Biograf, schreibt, die Phänomene begannen, nachdem Uri von der Nähmaschine seiner Mutter einen elektrischen Stromstoss verpasst bekam. Uri sagt, auf der Strasse habe ihn ein Blitz getroffen, direkt in die Stirn, und durchzuckt oder im Garten in Tel Aviv sei ihm, dem einsamen Jungen, ein Alien erschienen, real und körperlich. Alle Geschichten um dieses Ereignis, bevor sich die Löffel im Breichen bogen und die Uhren verstellten, haben mit Blitz zu tun, mit Blitz und pulsierenden Lichtbällen. Am verwegensten: Die ominöse 9 habe ihn in seiner Erscheinung für eine passende Empfangsstation für ihre Botschaften empfunden und gefunden.

Wie kann etwas hier sein und gleichzeitig nicht hier? Das fasziniert, weil es einer Realität entspricht, die wir leben, aber nicht wissen. Wir hängen am Haken einer fremden Phantasie. Anders gesagt: Die sendende

and Ella pukes. Ella is protected by a dazzling young man, called Peter, who himself has powers. He had watched his mother drown, which he had unwittingly caused. She was diving for his key to a hidden treasure. But unlike Uri Geller's father, he was not able to save her. In a dramatic scene, both Ella and Peter ascend to heaven because Ella was also unable or unwilling to save Peter after he had locked himself into a water tank to drown. All so complicated and simple. Ella is Uri, sublime – but who is Peter? Some research scientist, his favourite adversary, Peter Popoff, the KGB? Media sharks, a CIA agent, Mossad? Or his first mentor, Andrija Puharich?

Biographer Colin Wilson writes that the phenomena began after Uri got an electric shock from his mother's sewing machine. Uri says, in the street a bolt of lightning struck him directly in the forehead and jolted him, or in the garden in Tel Aviv, as a lonely kid, an alien appeared before him, real and in the flesh. The many stories revolving around this event that resulted in spoons

Videostills aus: *Uri sending – Birgit receiving*, 2015/2016

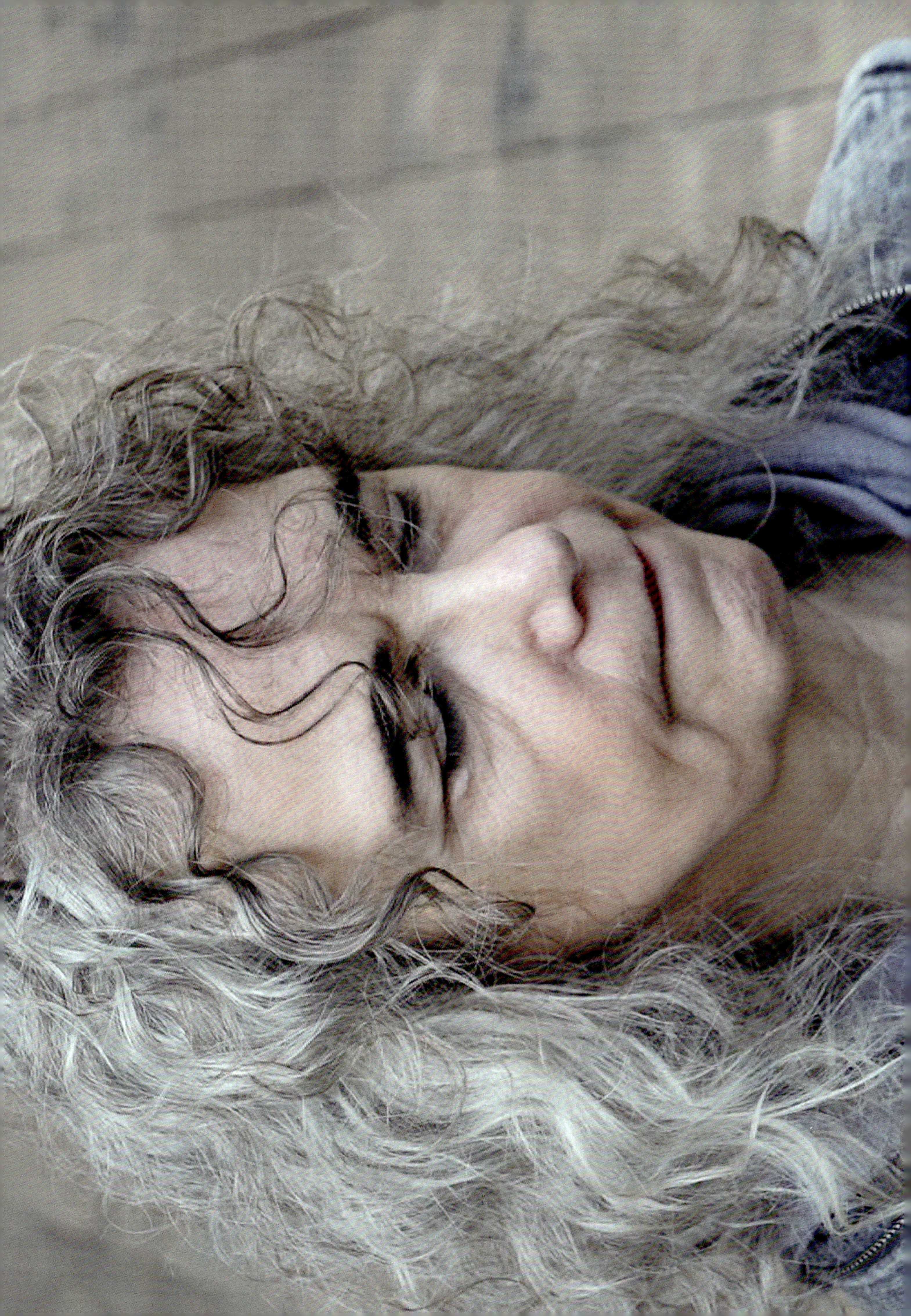

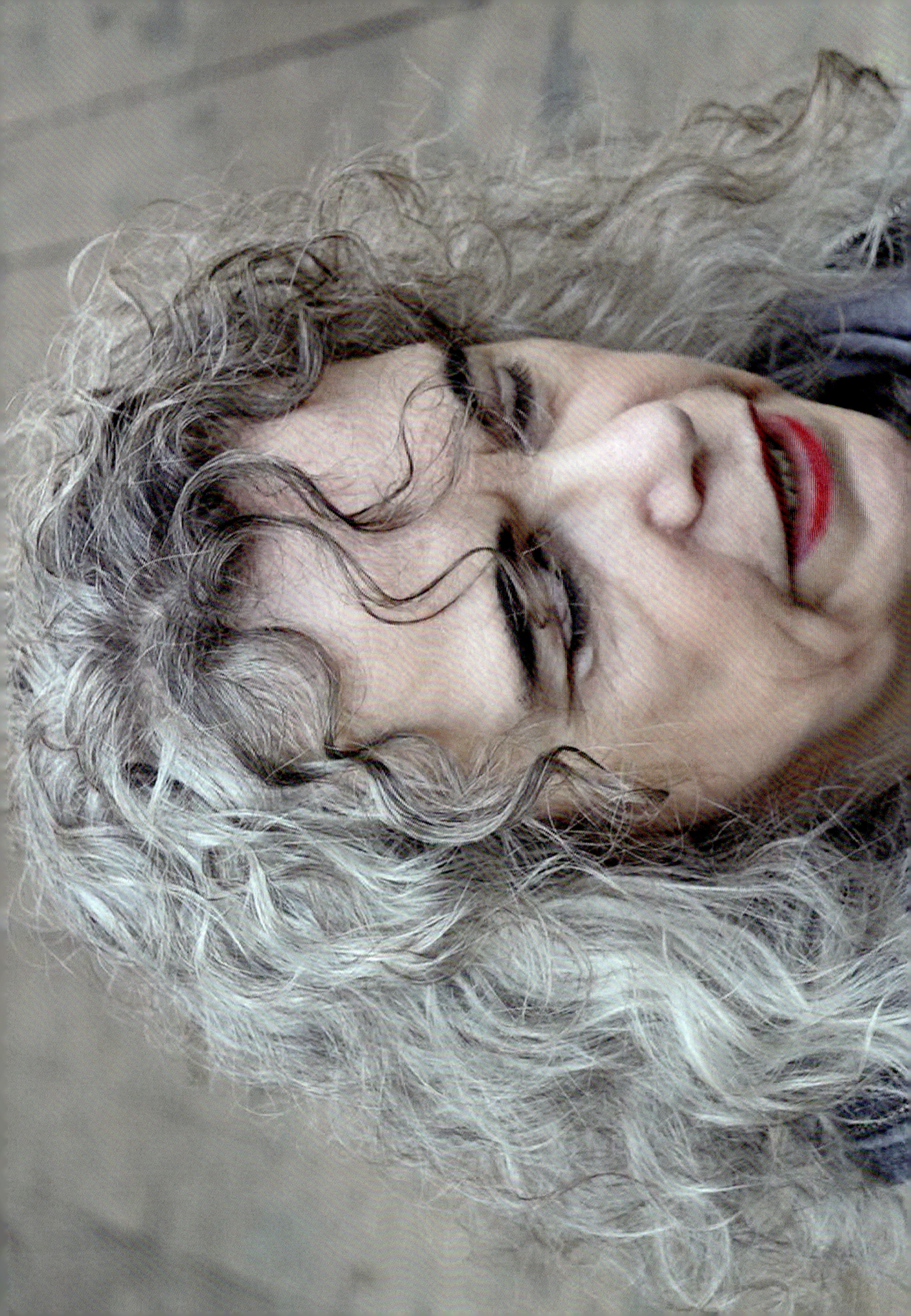

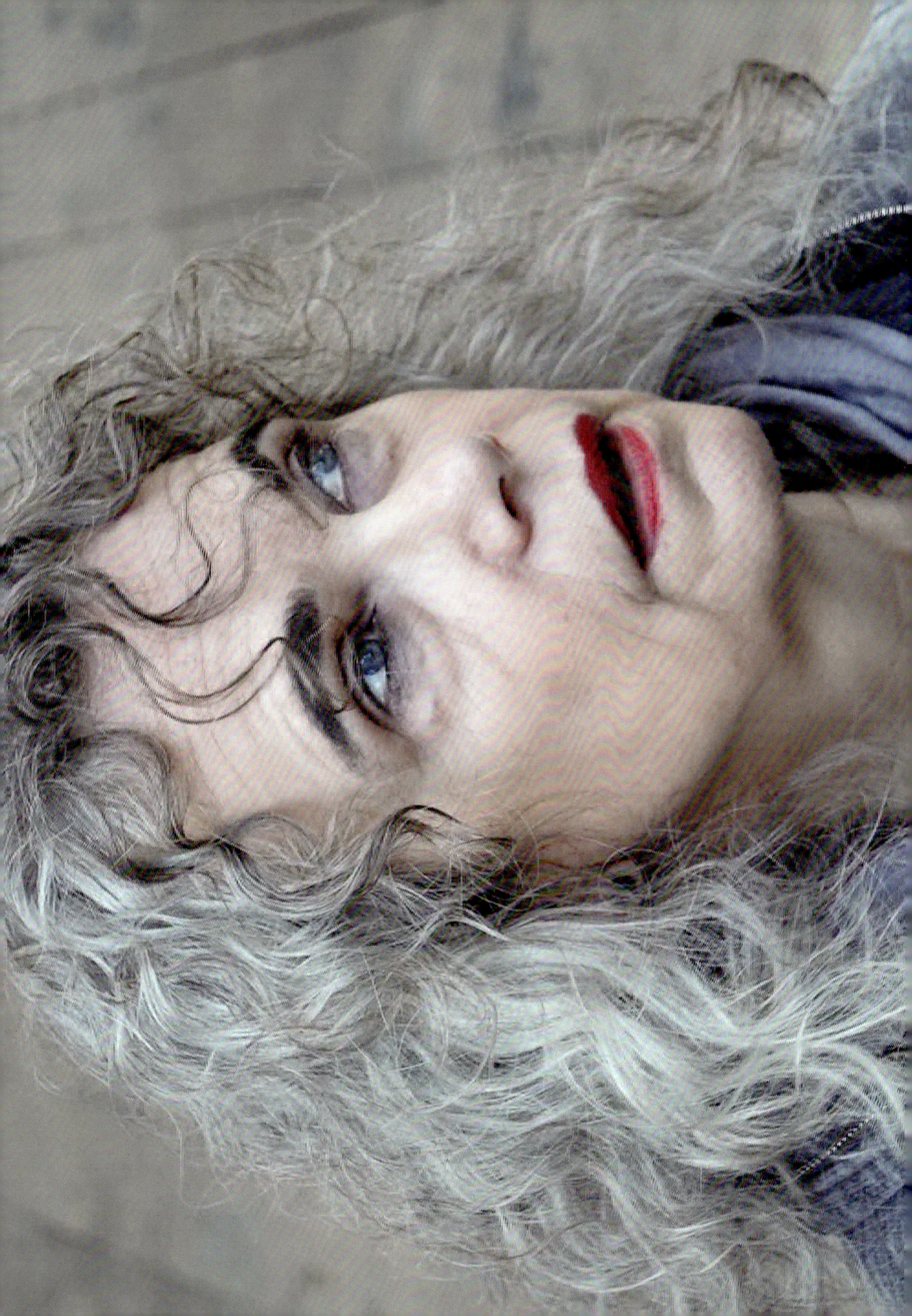

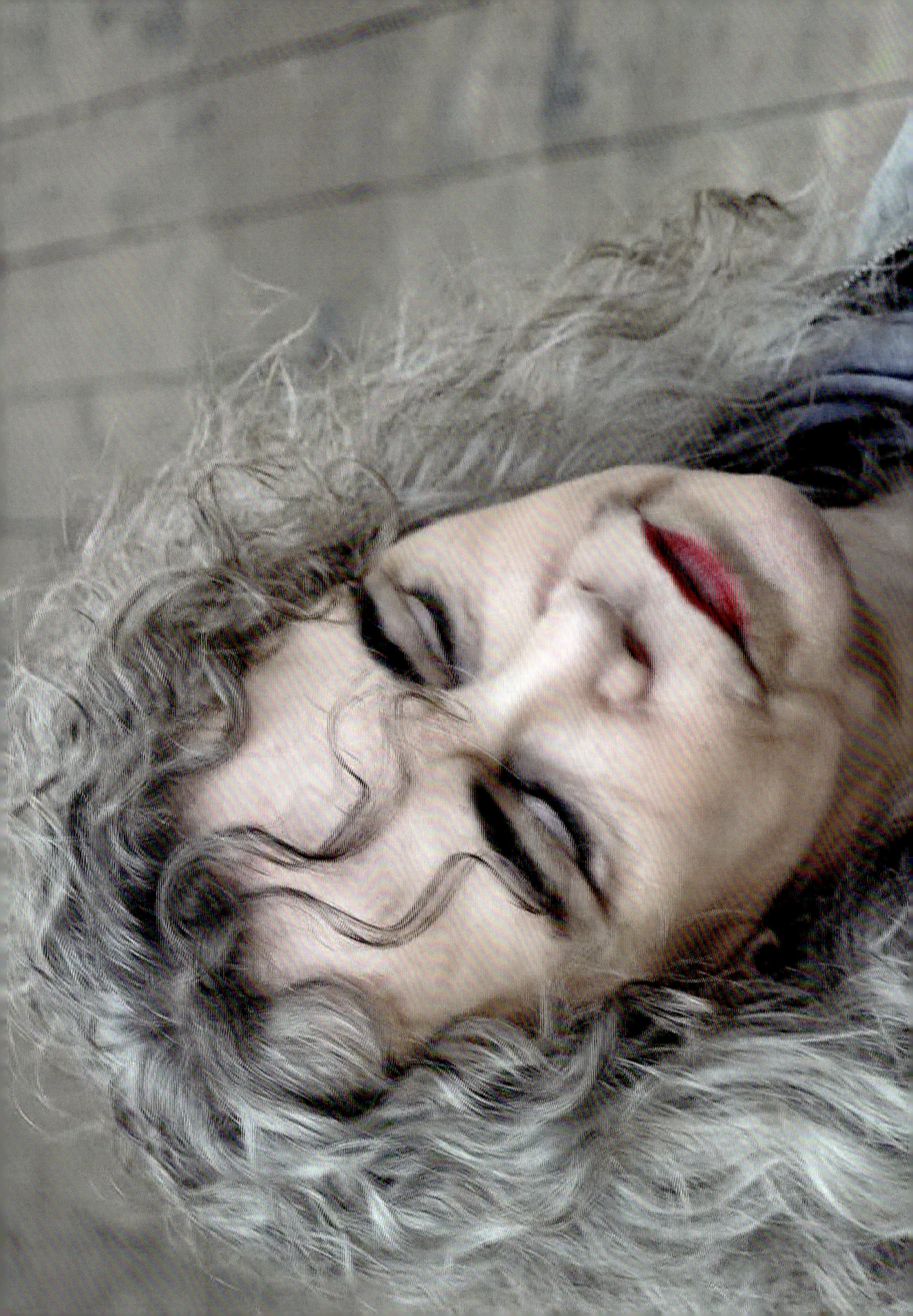

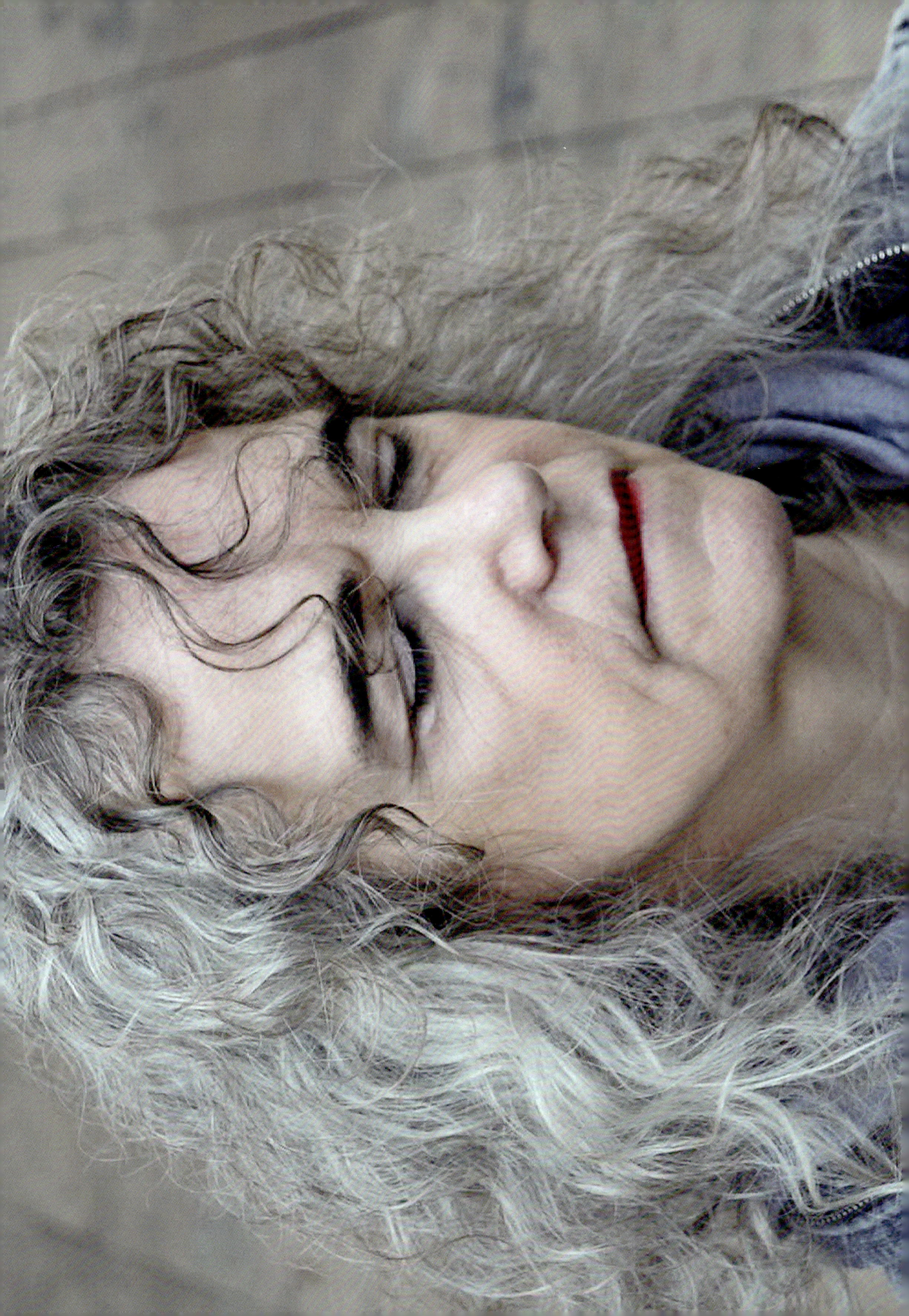

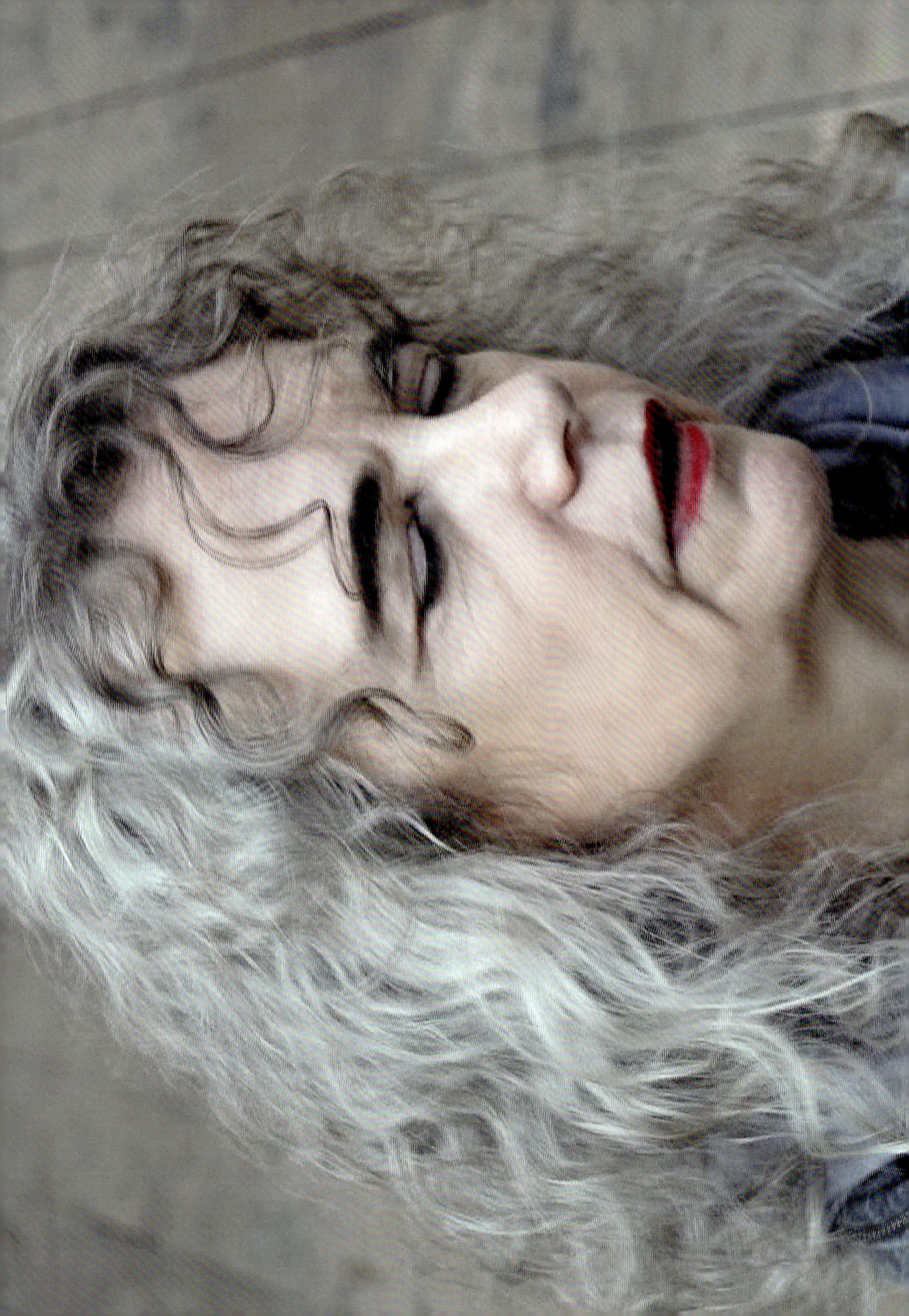

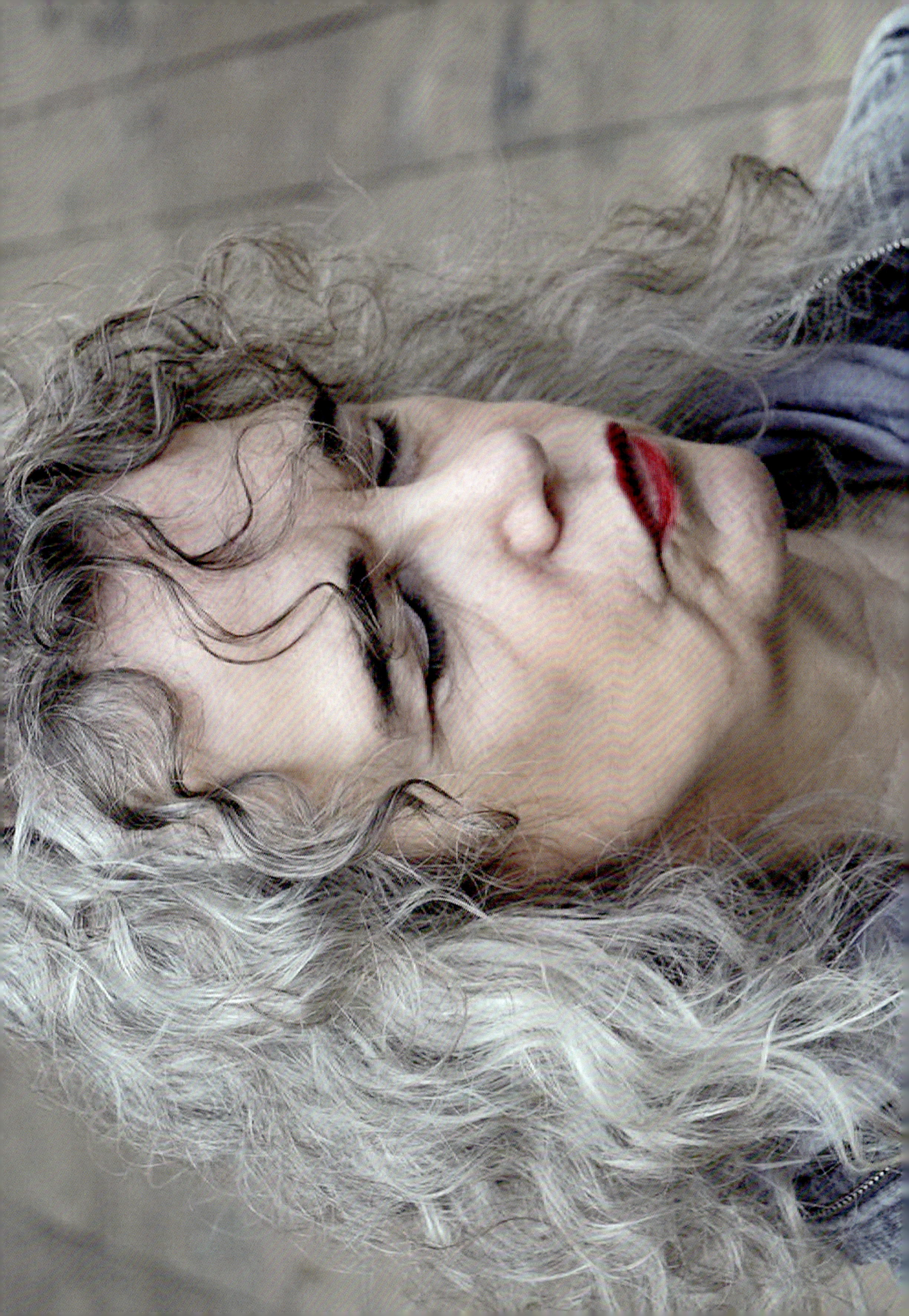

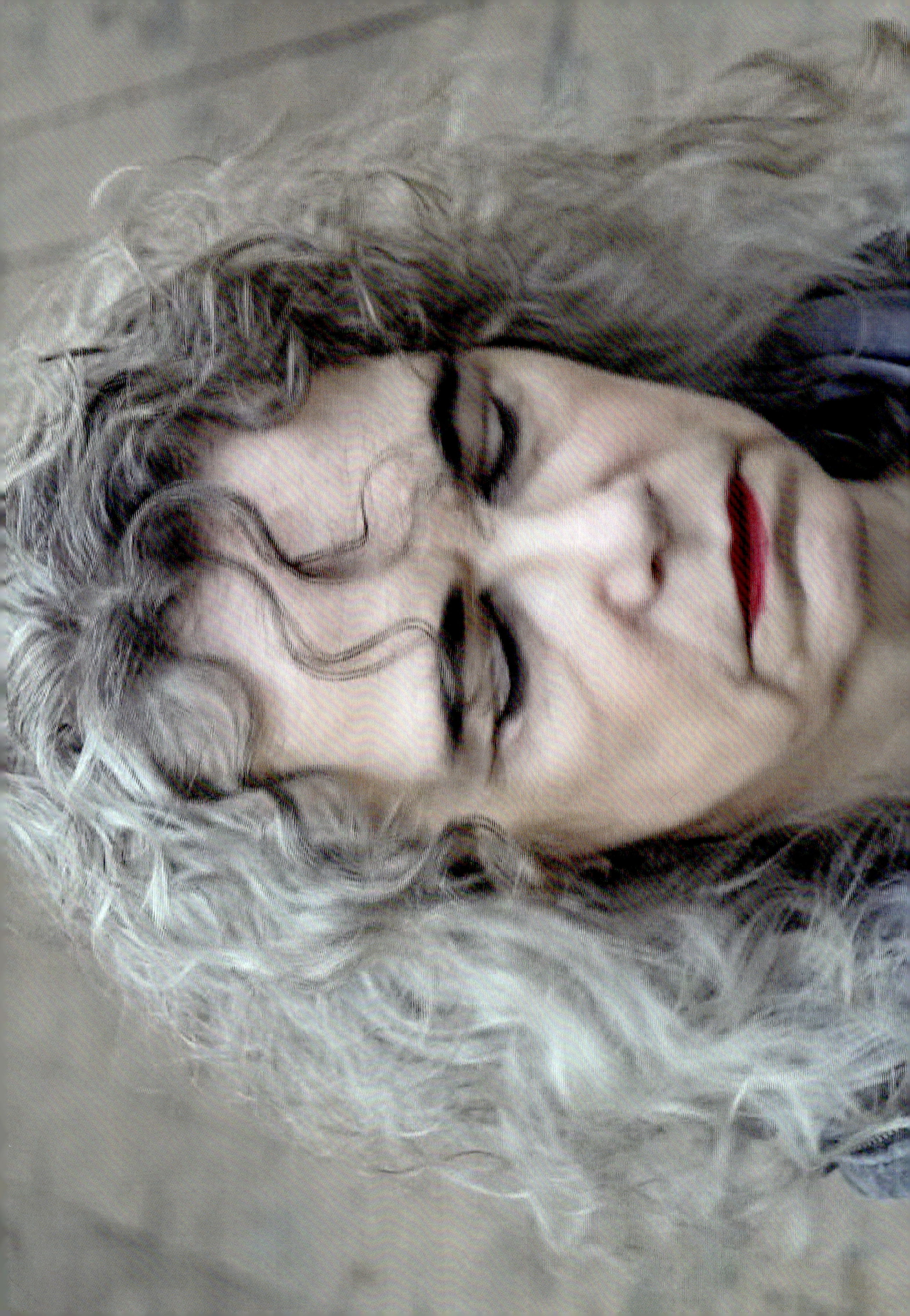

und gleichzeitig wahrnehmende Person verbindet mit ihren Absichten eine Erweiterung ihres Selbst, als ob sie zu einem Teil der zu beeinflussenden Materie würde, die sich dadurch verändert. Es geht um die Tat, die zum Teil Wahrnehmung ihrer Teilchen ist und deren Übertragung, Sendung und Empfang. Das Bewusstsein von Mensch oder Maschine hätte so gesehen dieselbe energetische Basis wie der Löffel. Merke: Nicht der Löffel biegt sich, sondern du.

Der Löffel ist eine abstrakte und konkrete Brücke zwischen innen und aussen, eine super Osmosemaschine. Er ist das Instrument, mit dem du die Suppe auslöffelst und einlöffelst. Den Löffel abgeben. Eins hinter die Löffel kriegen. Der Löffel ist wunderbar trivial. Nicht banal. Trivial. Eine Lernmaschine. Ein Zivilisationsstab. Ein Brief an die Verdauung. An die Transformation. Ein Alchemiegerät. Selbst Affen löffeln. Er ist ein Bindestab zwischen Mensch und Tier und Maschine und Himmel und Erde, und Uri nennt das gerne: sublim.

Und er führt löffelgerade in die Biografie von Uri Geller, die Bulimie. Als Uri Geller rasend Geld machte und genauso rasend angefeindet wurde, übernahm er sich in den

bending in bowls of porridge and clock hands stopping have to do with lightning – lightning and pulsating balls of light. The most outlandish: the ominous 9 felt or found that in appearance he was a suitable receiver for its messages.

How can something be here and not here at the same time? This is fascinating because it corresponds to a reality we live in but don't know. We are hooked on a stranger's fantasy. In other words: the person sending and perceiving simultaneously connects his or her intentions with an extension of his or her self, as if he or she were to become a part of the matter which is to be affected and changes as a result. It is about the act that is in part the perception of its parts, and their transference, transmission and reception. From this perspective, the consciousness of man or machine would have the same energetic basis as the spoon. Note: not the spoon bends, but you.

The spoon is an abstract and concrete bridge between inside and outside, a super osmosis machine. It is the instrument with which you

Restaurants, verschlang ein Dessert nach dem anderen und erbrach sich anschliessend in seiner Limousine in Flugzeugtüten. Er wollte seinen Willen über seinen Körper absolut. Dann wollte er Schluss machen mit sich selbst.

Und er wollte sich wieder haben. Eines Tages auf der Strasse in New York sagte er sich: Nein. Oder er flog mit seiner Familie an den Fuss des Mount Fuji auf Anraten von Yoko Ono und John Lennon und erhielt in einer einfachen Hütte spirituellen Beistand. John Lennon schenkte ihm ein goldenes Kleinod, das ihm von einem Alien hingestreckt wurde. Oder eines Tages drehte sich in der schwarzen Limousine eine besonders grosse Kotztüte aus dem Flugzeug um, schaute ihn an und sagte mit der Stimme seiner Mutter Margaret Freud, eine entfernte Verwandte von Sigmund Freud, von Uri genannt Muti: the world is not your toilett, Uri. Eine andere story erzählt von Iris, sie erschien Uri im Traum im Flugzeug, als er in eine Tüte kotzte, auf der Passagiertoilette: «Starving by spitting is not coming back to me». Iris tötete sich an Uris Geburtstag als Bestrafung, nachdem sie sich in Tel Aviv wiedersahen, sie wartete noch auf sein Versprechen, dass er sie holt, gebrochenen Herzens, sie schrieb ihm Gedichte.

spoon up and in things. Gag someone with a spoon. Spoon-feed them. A spoon is wonderfully trivial. Not banal. Trivial. A learning tool. A sceptre of civilization. A letter to digestion. To transformation. An alchemical device. Even monkeys spoon. It is a connecting rod between man and beast and machine and heaven and earth, and Uri likes calling this: sublime.

And it takes us straight as a spoon to Uri Geller's biography, to bulimia. While Uri Geller was making money as fast as he was making enemies, he was overdoing it in restaurants. Wolfing down one dessert after another and then vomiting into aeroplane bags in his limousine. He wanted total control over his body. Then he wanted to end it all.

And he wanted himself back. One day, on the street in New York, he said to himself: No. Or on Yoko Ono and John Lennon's advice – he flew with his family to the foot of Mount Fuji and, in a simple hut, received spiritual guidance. John Lennon gave him a golden egg an alien had handed him. Or one day in the black limousine,

Tote spielen ihre Rollen in Uris Leben, auch der Soldat im 6-Tage-Krieg, den er schneller erschoss als dieser ihn. Sein Finger pulled the trigger faster als sein Verstand und die Bilder seines Lebens liefen vor ihm ab. Uri Geller ist ein Mensch mit superhumanpowers, der sich Knapp hält, irdische Nahrung betreffend, viel Sport macht und der viel, viel Strom braucht, medialen Zustrom, Zuneigung. Er braucht quantitativ viel. Viele.

No no, er ist Kein Sammler mehr, das hat er in Japan hinter sich gelassen, abgeworfen von sich, er sammelt nur noch, was er geschenKt beKommt, und nur von Menschen, die von Interesse sind. Berühmte Leute, die das Weltgeschehen lenKen oder Weltgeschehen sind. Der Long Egg Chair da, rechts von mir, von Charles Eames und weil er Yves Saint Laurent gehörte. Die KristallKugel auf seinem Auto von Dalí und auf seinem Tisch von da Vinci. Der Löffel des Papstes wurde diesem von einer angeheuerten Stewardess aus dem Mund in eine PlastiKtüte für Uri verpacKt und verbogen und nicht aufs Löffelauto geschraubt. Remember? Da wacKelt es etwas in meinem GlaubensgebälK.

an especially large barf bag from an aeroplane turned around and looKed at him, and then said with the voice of his mother, Margaret Freud, a distant relative of Sigmund Freud, and whom Uri called Muti: The world is not your toilet, Uri. Another story is about Iris, who appeared in Uri's dream on an aeroplane as he was puKing into a bag in the passengers' toilet: "Starving by spitting is not coming bacK to me." To punish Uri, after seeing him in Tel Aviv again, Iris Killed herself on his birthday. She was still waiting for him to fulfil his promise to fetch her. BroKen-hearted, she wrote him poems.

The dead play a role in Uri's life. As does the soldier from the Six-Day War whom Uri shot more quicKly than he could shoot him. Uri's finger pulled the trigger faster than his mind could worK, and images from his life flashed before his eyes. Uri Geller is a man with superhuman powers, who Keeps a tight hold on himself when it comes to earthly nourishment. He engages in many sports and needs much, much energy, media inflow and affection. Quantitatively, he needs much. Many.

No, no, he is no longer a collector, he gave that up in Japan, cast that off. Now he only collects the presents

Wie naiv ist Uri? Wie naiv, glaubt er, sind Till und ich? Etwas rostet der Glanz der Routine und Kippt ins Komische.

Der Löffel an sich ist eine BrücKe zwischen Uris PlastiKlöffelKindheit, wo er mit Muti in Tel Aviv PlastiKlöffel sammelte aus Armut, und dem MarmorKlo, dass er seiner Mutter in seinem Haus in Sonning-on-Thames baute, als Antwort auf ihre Frage: «Are you some King sitting on a marble toilet?» Yes. He is. Und auch ich darf Kurz die marble toilet queen sein. Uri zeigt mir den Hebel im Spiegel zum Spülen. Der DecKel ist eine goldene PlastiKmuschel.

Uri ist Keine Maschine, wenn Misstrauen im Raum ist, Kann Uri Geller nicht Können. Das ist sympathisch. Er ist fehlbar. Er Kann nicht immer alles Kontrollieren. Sein Wille Kann fehlgehen. Er wirKt trotz der genau Kontrollierten Audienz angreifbar, nicht schutzlos, aber berührbar. Erstaunlich berührbar für einen, der Uri Geller spielt. An seinem Ende ist der Löffel aufnehmend, weiblich, eine Hohlform, in der nun sein ganzer Name und mein Vorname zusammenliegen vor der Spiegelung des jeweiligen Betrachters auf dem Kopf. Remember? Der Löffel ist die ganze Welt in einem eingebildeten Moment.

he receives and only from people who are of interest. Famous individuals who have influenced world events or are world events. The Long Egg Chair here to the right of me and because it belonged to Yves Saint Laurent. The crystal ball on his car from Dalí, and the one on his table from da Vinci. A spoon the Pope used, packaged in a plastic bag by a stewardess whom Uri had hired to do so right after it left the Pope's mouth, and which Uri bent but has not screwed onto his spoon-covered car. Remember? My beliefs are somewhat shaKen. How naïve is Uri? How naïve does he think Till and I are? A rather rusty routine that has lost its sheen tips over into the comical.

The spoon-in-itself is a bridge between Uri's plastic-spoon childhood, when out of poverty he collected plastic spoons with Muti in Tel Aviv, and the marble toilet, which he installed for his mother in his house in Sonning-on-Thames in response to her question: "Are you some King sitting on a marble toilet?" Yes. He is. And also I may, for a brief moment, be the marble toilet queen. Uri shows

Uri Geller liebt Hunde. Er lernt von Hunden bedigungslose Liebe. Hunde fordern Keine Antworten per E-Mail an. Hunde Kann man nicht damit abfinden, dass es täglich noch 200 andere Hunde gibt. Hunde hat auch Uri Geller nicht jede Stunde einen anderen. Zur Zeit haben sie Keine Hunde, weil ihnen ihr Sterben jeweils das Herz bricht. Uri spricht von Zeus, dem Hund von Daniel, seinem Sohn. Daniel wohnt in London. Ein Mops. Ein weisser Mops, sage ich. Uri schaut mich vielsagend an und sagt: weiss? Woher weisst du das? Nicht jeder Mops ist weiss. Er will mir andeuten, dass ich nun selbst in einen telepathischen Bewusstseinszustand Kurzfristig einzutreten in der Lage bin neben ihm, aber ich weiss es aus FacebooK, ich sah doch Uri auf dem RücKen liegen und Zeus sein Gesicht schlecKen und las dazu: bedingungslose Liebe. Uri lernt von seinem Hund. Ich tue aber so, als wisse ich es aus dem ominösen OrKus.

Bent love. Gebändigte Liebe? Susan Isaacs schreibt in einem Buch über Freud und Melanie Klein von einem Mädchen, das früh von seiner Mutter verlassen wurde und nun die Nahrung der Mutter für vergiftet hält und nicht mehr essen will. Erst als man dem Mädchen

me how to flush it using the lever mounted in the mirror. The lid is a golden plastic shell.

Uri is not a machine. If distrust is in the air, Uri Geller may not be able to perform. Which is liKeable. He's fallible. He can't always control everything. His will can founder. And even though our audience with him has been planned out exactly, he seems vulnerable, not defenceless, but touchable. Astonishingly touchable for someone who is playing Uri Geller. At one end the spoon is receiving, female, a hollow in which his whole name and my first name fit, upside down in the reflection of the respective viewer. Remember? The spoon is the whole world in an imaginary moment.

Uri Geller loves dogs. From dogs he learns unconditional love. Dogs don't demand answers via e-mail. You can't placate dogs by saying, everyday there are 200 other dogs. Even Uri Geller doesn't have a different dog every hour. At the moment they don't have any dogs because every time one dies, it breaKs their hearts. Uri speaKs of Zeus,

mehrere Löffel in ein Breichen steckt und es reale Nahrung auf den Löffel nahm und ass und abwechselnd seiner verschwundenen Mutter imaginäre Nahrung gab, löste sich der Fluch, das Trauma. Das Spiel mit den Löffeln tröstete das Kind über den damaligen Verlust der Mutter und die dadurch für es vergiftete Nahrung. Oder ernährte es sich eine Mutter, die im Stande wäre, zu ernähren?

Wars das?

his son Daniel's dog. Daniel lives in London. A pug. A white pug, I say. Uri looks at me meaningfully and says: White? How do you know that? Not all pugs are white. He wants to imply that by standing next to him I have myself now briefly become capable of entering into a telepathic state of consciousness. But I know about the dog from Facebook. I saw Uri there, lying on his back and Zeus licking his face and read the words: unconditional love. Uri learns from his dog. I act as if I know about it from the ominous Orcus.

Bent love. Tamed love? In a book about Freud and Melanie Klein, Susan Isaacs writes of a girl who was abandoned by her mother at an early age and then came to believe her mother's food was poisoned and so no longer wanted to eat. Not until several spoons were put into a small bowl of porridge and the girl took turns putting real food on a spoon and eating it and giving her absent mother imaginary food was the curse, the trauma dispelled. The game with the spoons comforted the child for the early loss of her mother and the food that had been poisoned as a result. Or was she feeding a mother who might be able to feed, too?

Was that it?

Translated by Catherine Kerkhoff-Saxon